Jacques Necker

Über die französische Staatsumwälzung

Jacques Necker

Über die französische Staatsumwälzung

ISBN/EAN: 9783743365438

Hergestellt in Europa, USA, Kanada, Australien, Japan

Cover: Foto ©ninafisch / pixelio.de

Manufactured and distributed by brebook publishing software (www.brebook.com)

Jacques Necker

Über die französische Staatsumwälzung

Ueber die

französische

Staatsumwälzung.

Aus dem Französischen

des

Herrn Necker.

Zweyter Band.
Zweyte Abtheilung.

Zürich,

bey Orell, Geßner, Füßli und Comp. 1797.

Ueber die

französische

Staatsumwälzung.

Erster Abschnitt.

Die föderative Republick. Beyspiel der Amerikaner.

In der fränkischen Republik liegen zwey Hauptbedingniße, zwey politische Elemente gegen einander im Streite: Die völlige Gleichheit, und die Untheilbarkeit der Regierung.

Unverträglich ist, wie ich glaube, die Vereinigung dieser Prinzipien mit der Ordnung und mit der Freyheit in einem großen Staate.

Ueberhaupt betrachtet, erfodert die Untheilbarkeit der Regierung ein Centrum und einen Brennpunkt, aus welchem die ganze Gesetzgebung, die ganze Verwaltung, kurz, alle Anordnungen hervorgehen, welche zur Gründung und Erhaltung der gesellschaftlichen Unterordnung nothwendig sind.

Dieser Zweck ist dem Despotismus nicht unerreichbar, und die Gefahr schreckt ihn nicht ab; denn je nach der Erweiterung von dem Umfange der Gewalt gewinnt er mehr Mittel zur Tyranney, und benutzt sie mit größer Schnelligkeit.

Wofern man aber in einem weiten Umfange und zum Bestten des Menschenwohls dem Einfluße dieser Mittel vorbiegen will, so muß man entweder auf das System einer völligen Gleichheit Verzicht thun, um der Authorität jeden Beystand geben zu können, den die Ideen der Achtung und die Gefühle der Ehrfurcht ge-

4

währen; oder — Verzicht thun auf die Untheilbarkeit
der Regierung, um die Wirksamkeit der höchsten Ge=
walt so zu beschränken, daß man hoffen kann, die
Ordnung mit der Gleichheit in Uebereinstimmung zu
bringen.

Von dieser letztern Einrichtung der Dinge liefert
Amerika das Vorbild. Jeder Staat, aus denen die
amerikanische Republik zusammengesetzt ist, hat seine
besondere Regierung; vermög des Bandes einer föde=
rativen Verfassung aber machen sie zusammen nur Ei=
ne Nation aus. Unter dem Namen des Congresses,
besitzt ihr vereinigter Bund die Leitung über alle ihre
verwandten Angelegenheiten: Ueber den Handel, das
Münzwesen, die Strassen, die Verträge und Bünd=
nisse, die Friedensgeschäfte; und sie trägt darum nicht
minder Sorge für die Unterstützung des politischen
Körpers von jedem besondern Staate.

So leistet diese föderative Gewalt den gedoppelten
Dienst: Daß sie auf der einen Seite, der getheilten
Regierung im Innern ohngeachtet, nichts desto weni=
ger der Schwächung der Nationalmacht zuvorkömmt,
und auf der andern zugleich die politischen Körper
eines jeden besondern Staates vor jenen Erschütterun=
gen verwahrt, die sonst beynahe unvermeidlich aus
dem Prinzip der Gleichheit entstehn. Ueberdies kann
ebenfalls in Kraft dieser föderativen Verfassung Ame=
rika, ohne das Geringste von dem äussern Glanze
großer Staaten zu verlieren, gleichwohl den häusli=
chen Sitten, die das Erbtheil kleiner Staaten sind,
getreu bleiben.

Bewundernswürdiges System! das einzige, denk'
ich, das für eine weitläufig demokratische Republik
taugt. Auch an sich noch bewundernswürdig, da
dasselbe mit jeder andern Form von politischer Orga=

nifation die Vergleichung aushalten kann. Auf eine
folche Verfaffung hätten alfo die Gefetzgeber des Kon-
ventes ihren Blick richten follen, fobald fie unter einer republikanifchen Verfaffung eine Volksgemeine von
fünf und zwanzig Millionen vereinigen wollten. Ohne aber je eine fo wichtige und tieffinnige Frage unter-
fucht, ohne fie ihrer Berathfchlagung unterworfen zu
haben, machten fie das Wort Föderalifte, fo wie
die Wörter Royalift und Ariftokrate, vielmehr zum
Schimpfworte. So nahm man zuerft das vor, was
man zuletzt hätte erwägen follen. Denn wenn man
darauf Acht fchlägt, wird man finden, daß der poli-
tifche Gang der Dictatoren von Frankreich immer fo
verkehrt war, felbft wenn man die Regierung, womit
die konftituirende Verfammlung den Anfang gemacht
hat, von ihrer erften Magiftratur an datiren will.

Die vollziehende Gewalt hatten fie bereits herab-
gewürdigt, bevor fie noch unterfuchten, ob das po-
litifche Gebäude nicht diefer Gewalt zum Schlußfteine
bedürfte? — Bereits hatten fie die Königswürde dem
Hohn und Spott bloßgeftellt, bevor fie noch unterfuchten, ob für die ungetheilte Regierung eines unermeffenen Landes die Majeftät des höchften Ranges
nicht philofophifch und mit Weisheit ausgedacht fey? —
Bereits hatten fie die Diener des Cultus verächtlich
gemacht, bevor fie unterfuchten, ob die zahlreichere
Volksklaffe wohl auch die Ehrfurcht gegen die Religion
von der Herabwürdigung ihrer Ausleger werde abfon-
dern können. Auch die Religion felbft hatten fie in
fchlimmen Ruf gebracht, ohne vorher zu unterfuchen,
ob ohne diefe Stütze die Moralität beftehen könne. Die
auswärtigen Mächte hatten fie gereizt, ohne vorher
zu wiffen, ob es für Frankreich vortheilhaft fey, gegen diefelben den Krieg zu beginnen. — Alle für ein-

mal noch bestehenden Auflagen hatten sie abgeschafft, ohne vorher an die Einführung von andern zu denken. — Alle Zeichen der pöbelhaftesten Vertraulichkeit hatten sie in Gang gebracht, ohne zu untersuchen, ob sich mit der öffentlichen Ordnung auch wirklich eine solche Gleichheit vertrage? — Wie ich bereits sagte, hatten sie die föderative Regierungsform in ein gehässiges Licht gestellt, ohne vorher zu untersuchen, was sie so wohl an sich sey, als in ihren Beziehungen auf die Grundsätze völliger Gleichheit. — Kurz, in übeln Ruf hatten sie alle alten Ideen gebracht, ohne vorher zu untersuchen, ob sie in der neuen zur Ausbildung eines guten gesellschaftlichen Systems Stof genug finden würden; und lange Zeit hatten sie sich des Ansehns der Beyspiele entzogen, ohne vorher sicher zu seyn, ob wohl auch hierinn eine glorreiche Originalität liege, wenn man eine moralische und politische Gesetzgebung nur aus den Schlacken aller bisherigen Erfahrung und der uralten Vernunft herauszieht.

Die neueste Verfassung indessen macht den Anfang zu einem Söhnopfer für so viele Verirrungen, wozu eine ehrsüchtige Eitelkeit bisher verführt hatte. Ganz ohne Zweifel müssen die Urheber dieser letztern ihren Blick auf ein bekanntes Vorbild gekehrt haben; wenn sie aber die höchste Regierung von Amerika nachzuahmen suchten, diese so klug berechnete Regierung, so entstellten sie ihre Hauptzüge. Von ihr borgten sie die zwo Kammern; allein der leidsame Zustand der einen von beyden, und ihre einsylbigte Sprache, sind ihre eigene Erfindung. Zwar trennten sie die vollziehende Gewalt von der gesetzgebenden; aber sie verwarfen das Band, vermittelst dessen die Amerikaner so weise beyde Gewälte hinwieder verknüpften, wie ich es schon oben gezeigt habe. Der Hauptunterscheid in deß, der innere ursprüngliche Unterscheid zwischen beyden Verfassungen, besteht allerdings darinn: Daß die Franken, nach Uebertreibung des auch von den Amerikanern geheiligten Prinzips der Gleichheit, nach einer solchen Ausdehnung desselben, die sogar auch den Charakter des Eigenthümers für gleichgültig hielt, nach seiner Verschmelzung selbst in die täglichen Sitten und üblichen Manieren — daß sie, sag' ich, mit diesem Prinzip die Einheit und Untheilbarkeit der Regierung vereinigten; eine Verbindung, die sich in einem großen Staate keineswegs mit dem der Gleichheit verträgt.

Wohl hat auch Amerika den Umfang, wohl auch in gewissem Grade die Gleichheit, aber nicht die Einheit und Untrennbarkeit der Regierung; und Alles kömmt auf diesen Unterscheid an, den man doch nicht im Geringsten ins Auge gefaßt hat.

Die einzige höchste Authorität, die sich über das gesammte Amerika erstreckt, ist eine föderative Gewalt, die, ihrem Zwecke und ihrer Natur nach, von allem Antheil an den unaufhörlichen Zänkereyen des besondern Interesse und der menschlichen Leidenschaften frey bleibt. Für sich selbst und allein verwaltet dort die Regierung jedes einzelnen Staates die zarten Zweige der politischen und Civil-Macht; und bis auf den heutigen Tag steigt im Durchschnitte die Bevölkerung eines solchen Staates nicht höher, als die Bevölkerung eines einzigen Departementes von Frankreich. Wie werden aber diese die Gleichheit ertragen, wenn sie mit der Zeit sich vergrößern? Dies wird die Nachwelt erfahren. Nur so viel bemerken wir, und nicht genug können wir es auf alle Art und Weise ins Licht setzen, daß in den Händen des Congreßes die höchste Authorität, unter dem Namen der föderativen, keines-

ne ſolche Hoffnung ſollte Frankreich hegen — ſollte
Vereinigung der Ordnung und der Freyheit unter einer
untheilbaren Regierung, und mitten unter dem Tumulte der Gleichheit erwarten; und dieſe Hoffnung
ſollte es zu einer Zeit hegen, wo alle religioſen Bande
zerriſſen, das väterliche Anſehn zernichtet, alle leiten-
den Prinzipien verachtet ſind; wo in den Meynungen
die Zügelloſigkeit, und in den Sitten gänzliche Unge-
bundenheit herrſchen! Bey einer ſolchen Hoffnung,
denk' ich, muß die Täuſchung doch ſehr groß ſeyn;
und bey ſolchen Vorausſetzungen kann ein Land, wie
Frankreich, vor Verwirrung und Tyranney ſich wohl
nimmermehr ſchützen.

Was würde aber vollends alsdann geſchehen, wenn
ſich noch überdies der Eroberungsgeiſt, mit dem man
bereits ſo groß zu thun anfängt, und der itzt ſchon
die fränkiſche Regierung charakteriſtiſch auszeichnet,
wenn dieſer Geiſt ſich noch weiter verſtärken und fortpflanzen ſollte? Offenbar würde es ſich alsdann zeigen, daß man ſich weniger um Freyheit bekümmere,
als um Glanz und Gewalt; denn um ſo viel dringen-
der wird der Deſpotiſmus, je mehr ſich der Umfang
einer ſolchen politiſchen Geſellſchaft erweitert, die nur
von Einer Autorität allein regiert wird. Die Wahrheit
dieſes Prinzips erkannten die weiſen Amerikaner ſo
lebhaft, daß ſie ſich zum voraus erklärten: Ein einzelner beſonderer Staat ſollte in zwo Regierungen getheilt werden, ſo bald ſeine Bevölkerung ſich beträcht-
lich würde vermehrt haben; und bereits brachten ſie
dieſen Entwurf zur Vollziehung. Sie haben nämlich
gewiſſermaaſſen den Umfang der Verpflichtungen berechnet und ausgemeſſen, denen eine Autorität ohne einige Verletzung der Freyheit, ohne einigen Eingriff in
das Syſtem der Gleichheit, Genüge thun kann; und

ihre Kraft suchten sie nur in der föderativen Vereini
gung. In Frankreich hingegen soll die Einheit der
Regierung eben sowohl die Gleichheit und Freyheit, als
die Macht unterstützen; sie soll es bey jeder Anzahl von
Einwohnern, von politischen Gliedern thun, die man
allenfalls durch Eroberungen erhält; und ein solches
System soll zur Gewährleistung nichts weiter bedürfen,
als den Namen einer Republik. Sonderbares Schau
spiel! Dieselbe Nation, der es vielleicht gelingt, über
die ganze Welt Meister zu werden, soll für sich selbst
unter der Knechtschaft erliegen, unter der Zauber
gewalt eines Wortes, und mitten unter einem Despo
tismus, dessen die Erhaltung ihrer neuen gesellschaftli
chen Ordnung bedürfen wird; sie soll sich frey nennen,
bloß weil sie keinen König mehr hat, und sich republi
kanisch nennt.

Freylich kann man es nicht verhehlen, daß in Frank
reich durchgängig ein Geist herrscht, der dem Fort
gange einer föderativen Regierung überall entgegenar
beitet. In ihren kleinen Staaten begnügen sich die
Amerikaner damit, glücklich zu seyn. Die Franken
hingegen verlangen noch mehr, und streben, ihrem we
sentlichen Charakter zufolge, immer nach Ruhm, Ge
räusch und Bewegung. Wenn sie also, in Kraft der
Föderation zwischen den verschiedenen Staaten, aus
welchen ihr Reich zusammengesetzt seyn würde, noch so
gut in Europa eine hohe Stelle behaupten, und eine
noch so glänzende Role spielen könnten, so würden sie
doch immer mit Bedauern auf jenen Zeitpunkt zurück
sehen, wo sie unmittelbarer die Theile eines grossen Gan
zen vereinigten. — In mehrere Staaten getheilt, be
kamen die Amerikaner gleichwohl grosses Ansehn, so
bald sie in eine Konföderation traten. Die Franken
hingegen, seit langen Jahrhunderten unter demselben

Zepter vereinigt, würden sich nun erniedrigt glauben, wofern sie bloß durch ein föderatives Band
verbunden seyn sollten. Indeß würde das Uebel
bloß und allein in der Einbildung liegen; denn wenn
eine ungetheilte Regierung zu ihrer Unterstützung der
Gewalt bedarf, so veranlasset und erregt sie gewiß
weit mehr und weit öfterer Haß und Entzweyung,
als eine föderative Regierung, welche sanfte Maaßregeln befolgt.

Ein wahrhaft schöner Gegenstand ist demnach eine
solche politische Einrichtung, vermöge welcher man,
ohne den geringsten Eingriff in die Freyheit zu thun,
und kaum mit der leichtesten Schattierung von Aristokratie, ein weitläuftiges Land im Frieden erhält; wo die
Gesetzgeber, aller Orten den Bürgern zur Seite, die
Bedürfnisse von diesen in der Nähe ins Auge fassen,
und ohne Mißgriff sowohl das Privatglück als das öffentliche äufnen können. Und hätte auch wirklich der
Erfolg nicht den Erwartungen entsprochen, so würde
doch immer schon bloß der Versuch die theilnehmende
Aufmerksamkeit von ganz Europa verdient haben.

Noch weit größer aber, sagt man vielleicht, wird
alsdann die Bewunderung seyn, wenn man denselben
Zweck ganz vollkommen, auch mitten unter unbedingter Gleichheit, durch eine einzige ungetheilte Regierung
erreicht erblicken wird.

Aber eben dies erblickt man nicht, und wird es niemals erblicken.

Immer wird die besondere Convenienz einer Hauptstadt, von verschiedenen Gesetzgebern Frankreichs so
schmeichlerisch geliebkost, es eigentlich seyn, was der
Gründung einer föderativen Republik entgegensteht.
Nicht nur Mittelpunkt der Regierung will Paris bleiben; es will auch, daß von da aus diese Regierung

der ganzen Nation Gesetze ertheile; daß sie alle Aemter besetze; und daß die Hauptstadt der einzige Ort sey, wo alle Einkünfte zusammen, und alle Ausgaben ab, fliessen. Unter Begünstigung dieser Umstände aber ge, schieht es, daß Paris über ganz Frankreich die ge, waltigste Herrschaft, und eben die stärkste Aristokratie ausübt. Und da Drohungen und Lobeserhebungen über die Furchtsamkeit und Eitelkeit immer sehr viel vermögen, so werden die Sectionen von Paris, die mit den Abgeordneten der Nation sprechen, die mit ihnen Mann für Mann handeln können, stets auf die gesetz, gebenden Berathschlagungen grossen Einfluß behaupten.

Weit weniger gefährlich aber würden die Wirkun, gen eines solchen Einflusses seyn, wenn man in Frank, reich eine föderative Republik einführen wollte. Im, mer noch würde freylich Paris der Mittelpunkt und Hauptsitz der Regierung bleiben; aber diese Regierung würde in ihrem Departemente nur die gemeinschaftlichen Angelegenheiten der sämtlichen Staaten dieser Union besorgen. Wofern übrigens Paris jemals eine Autho, rität verlieren sollte, die es so vielmahl mißbrauchte, so würde es zu Entschädigung für diesen Verlust wie, der seine alte Ruhe gewinnen. Nicht länger würde es ganz Frankreich Gesetze vorschreiben; aber es würde auch nicht mehr der Schauplatz der ausschweifendesten Leidenschaften seyn. Sicher würde es bey einem sol, chen Tausche nicht zu kurz kommen. Und wie könnte es überdies die Art von Tyranney, die es an Frank, reichs Gesetzgebern verübt, wie könnt' es sie als uns erschütterlichen Besitz ansehen; und wie sollte eine Na, tion, die der Freyheit, oder ihrem Schatten, so viele Opfer gebracht hat — wie sollte sie damit enden, sich mit gutherziger Einfalt unter das gebieterische Joch ei, ner einzigen Stadt zu schmiegen?

Wenn aber im Gegentheile, und nach dem Gange der letzten Begebenheiten, die Sectionen und Clubs von Paris ihren Einfluß verlieren; wenn, nach gänzlicher Erlöschung des Feuers in den Gemüthern, die Bewohner der Hauptstadt auf nichts weiter denken, als auf Genuß und Erwerb, alsdann muß man erwarten, daß die Regierung, von so beschwerlichen Wächtern befreyet, sich ihrer Gewalt ganz ungehindert bediene: Sodann aber würden gar bald auch die Departementer, die bisher der öffentlichen Meynung noch mehr gehorchten als den Gesetzen, voll Unwillen über die Gleichgültigkeit der Pariser — sodann, sag' ich, würden auch diese anderwerts eine sichere Schutzwehre suchen, und ihr Wunsch dürfte leicht auf eine föderative Regierung, d. h. auf eine solche sich richten, die jedem einzelnen Theile seine besondern Vormünder gestatten, und den Händen der Central-Autorität nur die allgemeinen Staatsangelegenheiten und das Interesse der Handelschaft anvertrauen würde.

Ueberhaupt macht man föderativen Regierungen den Vorwurf, daß sie nicht schnell genug die Hilfsmittel zusammentreiben, deren man gegen auswärtige Feinde bedarf; und daß sie zumal zur Führung des Krieges weniger Geschick haben, als ungetheilte Regierungen. Allein dieser Vorwurf ist von geringer Bedeutung, wenn man ihn auf ein Land anwendet, dessen innere Naturkraft sich für die andern Nationen so schädlich treffend, und für die fränkische selbst so lehrreich an den Tag gelegt hat. Ganz ungezweifelt würde man Frankreich mit Ehrfurcht schonen, und mit ihm gern im Frieden leben, so bald es eine auf Weisheit gegründete Regierung aufstellt, welche nicht weiter der Bewegungen und Unruhen zu ihrer Unterstützung bedarf.

In dem Falle indeß, daß dieses Reich von Neuem zur

Aufbietung einer grossen Kriegesmacht genöthigt seyn sollte, läßt es sich zweifeln, ob auch künftig wieder die untheilbare Republik einen Vortheil, wenigstens einen beständigen Vortheil über die föderative haben würde. Lassen wir hier eine sehr wichtige Wahrheit nicht aus der Acht. Zu gleicher Zeit, wo die Regierung der fränkischen Republik ungetheilt war, zeigte sie sich auch immer vollkommen despotisch; eine solche Regierung aber kann man nicht wünschen, und ihren Verlust nicht bedauern. Auch wäre ohne den tiefen Eindruck des Schreckens, welchen barbarische Tyrannen verbreiteten, jener zahlreiche Volksaufbruch nimmermehr zu Stande gekommen. Nebendem darf man nicht erwarten, daß jene kriegerische Hitze sich unverändert fortpflanze, welche unter den Erstlingen und Morgenopfern der Freyheit aufwallte, und so stark durch den Fanatismus genährt wurde, der sich in alle neuen Regungen einmischt. Mit der Ueberlegung kühlt sich die Leidenschaft ab; und sonderheitlich auch gelten bloße Namen nur eine Zeitlang für wirkliche Dinge. Künftig also kann nur die öffentliche Wohlfahrt, und der Wunsch, sie zu behaupten, den kriegerschen Dienst-eifer beleben; diese Wohlfahrt aber ist immer das Resultat der Vereinigung theils einer völligen Sicherheit, theils eines sanften Freyheitgefühls. Diejenige Regierung also, die mit der meisten Gewißheit diese beyden Güter zusichert, ist auch zugleich für die öffentliche Macht die beßte, oder wird es wenigstens in der Zeitfolge seyn; denn der Fanatismus geht vorüber, und, dem Himmel sey's gedankt! die Tyranney nicht minder.

Nur im Allgemeinen indeß, wie ich es schon oben angekündigt habe, behandl' ich einen Gegenstand, dessen Beziehungen auf einen besondern Fall unmöglich

16

zum voraus bestimmt werden können. Und diese Be,
merkung wiederhol' ich, um einige wenige Betrachtun,
gen zu rechtfertigen, die ich noch anstellen muß, und
von denen man vielleicht zufälliger Weise in der noch
ungewissen Zukunft Gebrauch machen kann.

In der föderativen Verfassung von Amerika fin,
det man das vollkommene Muster einer solchen Regie,
rung; und in einem fürtreflichen Werke unter der Auf,
schrift: Der Föderaliste, findet man über jeden Artikel
dieser Verfassung die Gründe dafür aus einander gesetzt.
Die Verfasser des Werkes sind Gay, Madisson und Ha,
milton, drey Amerikaner von ausgezeichneten Ver,
diensten. Ungemein reißt uns die sanfte und einschmei,
chelnde Vernunft hin, womit ihre Gedanken und Aus,
drücke geprägt sind; und ihre Art und Weise ist wohl
ganz verschieden von der Manier der fränkischen Po,
litiker, die immer nur eine oder ein Paar Ideen im
Auge haben, für die sie als Ritter auftreten, oder
die sie mit der Schwärmerey von Neulingen aus,
posaunen.

Wenn jemals grosse Staaten zu einer föderativen
Republik werden, so steht es bey ihnen, alle Theile
sowohl in Ansehung der Bevölkerung, als in Ansehung
der Einförmigkeit der häuslichen Verfassung ganz gleich
auszubilden. Diesen Vortheil konnte sich Amerika deß,
wegen nicht verschaffen, weil es seit langem her gewis,
sen politischen Abtheilungen unterworfen war.

Mir scheint es, daß für Frankreich eine Vereini,
gung von drey oder vier Departementern einen eigenen
besondern Staat hätte ausmachen können; und in die,
sem Umfange von 9 — 1200,000 Seelen hätte unter
dem Schutze von einer föderativen Verfassung eine ei,
gene besondere Regierung, ohne irgend einige Aristo,
kratie, gar wohl die öffentliche Ordnung behauptet.

Frey,

Freylich müßte man hier die Ausschliessung jedes aristo-
kratischen Bestandtheiles keinesweges auch noch bis auf
die Verwerfung jedes Unterschieds in dem Güterbesitze
ausdehnen, und eben so wenig auf die Verbannung
der gewohnten Ideen von Achtung und Verehrung; eine Art von Moralität, welche unumgänglich erfodert
wird, wofern man mit sanften Mitteln auch nur die
kleinste politische Gesellschaft regieren will.

Die weisen Amerikaner würden für eine einzige
Staatsverwaltung die Departemental-Union, so wie
ich sie annahm, vielleicht noch zu groß finden; allein
für den französischen Geist bedarf es in allen Dingen
ein wenig Grösse; überdieß könnte man noch hinzufü-
gen, daß man einem Lande, dessen verschiedene Theile sich in runden Kreisen schliessen, wo wenigstens die
Strecke von keinem sich allzusehr von dem Mittelpunkt
entfernt — daß man in einem solchen Lande, ohne viel
Unbequemlichkeit, verschiedene einzelne Staaten von einem gewissen Umfange bilden könnte, weil, jeder von
dem andern ganz nahe berührt, keiner in die Födera-
tionsgesetze ohne Gefahr einen Eingriff thun würde.

Unter den Anordnungen in der Verfassung der Vereinigten Staaten giebt es eine, die man ohne die
größte Schwierigkeit in Frankreich nicht einführen
könnte. Die vollziehende Gewalt liegt dort in den
Händen eines einzigen Magistrates, der alle sechs Jahre gewählt wird. Da aber die Amerikaner einen Mann
besassen, der sowohl wegen seines Charakters, als wegen seiner Glücksumstände und wegen der glänzenden
Rolle, die er während der amerikanischen Revolution
gespielt hatte, ganz für diese hohe Würde geschaffen
war, so fand sich das zarte Aug' dieser Republikaner,
wenigstens bis auf den heutigen Tag durch ein solches
Unebenmaaß ganz unbeleidigt. Wird aber auch noch un-

IV.   B

ter den Nachfolgern des großen Washingtons diese
Harmonie fortdauern? Und besitzt, als Republik,
Frankreich mehrere Männer, besitzt es nur Einen, den
irgend Jemand Seinesgleichen lange Zeit für höher,
als sich selbst, würde gelten lassen? Sehr bald müß=
te die National=Eitelkeit darüber ungeduldig werden;
um sie zurückzuhalten und zu bezähmen, war vormals
kaum das Königthum mächtig genug, und zwar das
Königthum in dem ältesten und erlauchtesten Hause
von Europa.

Wenn man es scharf nehmen will, so bedarf ein
erblicher Monarch nur ganz gemeiner Eigenschaften;
denn was man von seiner Dazwischenkunft wesentlich
erwartet, beschränkt sich auf die fortwährende Erhal=
tung derselben Ehrfurcht für die höchste Gewalt. Hier
aber ist die Rede von gemäßigten Regierungen; und
in dem folgenden Abschnitte werde ich diese Idee näher
entwickeln. Ein Haupt aber, das bloß auf eine be=
stimmte Zeit, nur aus der ganzen Bürgermasse gewählt
ist, muß nothwendig Eigenschaften vereinigen, welche
dem Range ganz angemessen sind, den man ihm frey=
willig giebt, und den es eben so empfängt. Und ohne
anders bedarf es der einfachen Sitten des amerikani=
schen Volkes; es bedarf seiner willigen Verehrung groß=
ser moralischer Eigenschaften, und seines Ehrfurchts=
gefühles für den Mann, den das Gesetz heiligt —
ohne anders Alles dessen bedarf es, um sechs Jahre
lang die höchste Erhöhung eines einzigen Mannes, mit=
ten unter den Gesetzen und den Ideen der Gleichheit er=
träglich zu machen. Wenn sich aber auch unter den
Amerikanern die Regungen der Eifersucht einschleichen
sollten, die so mächtig in allen veralteten politischen
Gesellschaften herrschen, und wenn unter diesen Regun=
gen die vollziehende Gewalt nicht länger nur einem

einzelnen Manne dürfte anvertraut werden, so müßte
man darum über eine solche Revolution noch nicht er-
schrecken. Denn einen sehr hohen Werth giebt dem
föderativen System auch dies, daß es gleicher Weise
bestehen kann, man übergebe nun die vollziehende Gewalt entweder einer einzelnen Person allein, oder mehrern in Verbindung, wie in Frankreich, oder einem
Senate unter wechselndem Vorsitze. So eng umschrie-
ben sind die Geschäfte einer Föderation, sie haben auf
persönliche Angelegenheiten und Eigenliebe so wenig
Bezug, daß man, ohne einige wesentliche Besorgniß,
ihre Leitung auf mehrere und verschiedene Weisen anordnen könnte. Nichts weniger als so verhält es sich
hingegen bey einer einigen und untheilbaren Regierung,
mitten in einem unermessenen Lande.

Bey der Vergleichung der beyden Republiken Frankreich und Amerika dürfen wir also jenen wesentlich
unterscheidenden Zug nie aus dem Auge verlieren; nämlich die untheilbare Regierung der einen, und die föderative Regierung der andern. Und nun hat unter
diesen Republiken eben diejenige, deren Bevölkerung
weit aus beträchtlicher ist, die untheilbare Regierung,
während daß, dem Prinzip zufolge, gerade das Gegentheil statthaben sollte. Obgleich aber heut zu Tage
noch Amerika höchstens fünf Millionen Seelen begreift, so würde es doch, wie ich keineswegs zweifle,
sowohl seine bürgerliche und politische Freyheit als
seine Sitten und die innere Ruhe, mit dem Tage verlieren, wo es, als Republik, sich einer untheilbaren
Regierung, einer einzelnen gesetzgebenden Versammlung, einer einzelnen vollziehenden Authorität unterwerfen sollte. Für Amerika würde aus einer solchen
schönen Einfachheit ein Grund zur Unordnung, eine
Quelle der Verwirrung entstehen, und dieselbe seine

Wohlfahrt zerstören. Die Bewohner der Distrikte, die man gegenwärtig mit dem Namen von besondern Staaten bezeichnet, würden um sich her nicht länger Gesetzgeber, Patronen und Führer erblicken; mit ganz Amerika würden sie sich vielmehr unter der Aufsicht von Agenten und Commissarien einer einzigen höchsten Gewalt befinden, und zwar einer in ihrem Ursprung populairen Gewalt, die darum, wegen der Befolgung ihrer Befehle immer in Zweifel, sich des Despotismus bedienen müßte, um sich entweder Hochachtung zu verschaffen, oder auch, um sie entbehren zu können.

Laßt uns also diesen Abschnitt beschliessen, wie wir ihn angefangen haben, und noch einmal wiederholen: Daß in einem grossen Reiche die Ideen der Gleichheit mit der Einheit und Untheilbarkeit der Regierung unverträglich seyn; daß in einem solchen Lande zwischen dem System der föderativen Republiken und dem System einer gemäßigten Monarchie gewählt werden müsse: Jenes nämlich wird, auch ohngeachtet der Gleichheit, die Ordnung und Freyheit aufrecht zu erhalten im Stande seyn — und dieses, ohngeachtet der Einheit und Untheilbarkeit der Regierung, denselben Endzweck erfüllen.

Zweyter Abschnitt.

Die gemäßigte Monarchie. Beyspiel von England.

Auch auf die ehevorige Regierung von Frankreich mußte man öfters mit Bedauern zurücksehen; denn was hätte man mitten unter so viel Jammer und

Greuel, nicht bedauern sollen? Selbst zur Zeit der ersten Hoffnungen konnte jede Art der Abweichung von der uralten Weise Besorgnisse erwecken; denn für eine Regierung ist schon dies ein Grund zu ihrer Empfehlung, daß sie nun einmal da ist, weil der Uebergang zu einem neuen politischen Zustand immer mit Gefahren begleitet seyn wird. Wenn man aber diesen Grund zur Empfehlung nun einmal weggetilgt hat, und man auf den Punkt, von dem man ausgieng, nicht anders zurückkommen kann, als in wiefern man sich durch alle Gefahren bürgerlicher Unruhen und politischer Verwandelungen hindurchdrängt, alsdann muß man wohl den alten Zustand an sich selbst betrachten, und ihn einzig nach seinem Werthe beurtheilen.

Unter solcher Ansicht aber — wie kann man sich einbilden, daß, ganz freywillig und aus eigenem Antrieb, irgend eine Nation, irgend eine Verbindung von Menschen ihre Zustimmung einem beweglichen Gerüste von Gebräuchen und Ausnahmen ertheile, deren Grenzlinien durch keinerley Concordat, durch keinerley Charte festgesetzt sind, deren Auslegung also bey der herrschenden Macht steht. Wie kann man sich einbilden, daß, freywillig und aus eigenem Antriebe, irgend eine Nation ihre Zustimmung einem gesellschaftlichen Systeme ertheile, in welchem die gesetzgebende Gewalt, ohne sichere Grundlage, je nach Zeiten und Umständen hin und her schwanken wird; und so beschaffen war gleichwohl das Resultat der alten französischen Regierung.

Der Monarch und die königlichen Rechtsgelehrten behaupteten, diese Gewalt gehöre dem Fürsten; und keiner Magistratur komme das Recht zu, ihre Ausübung zu hindern, oder die Schranken einer Gegenvorstellung oder Bittschrift zu überschreiten. Die Parle

menter hingegen und ihre Redner äufferten sich, daß
ohne freywillige Einregistrirung das Gesetz niemals
vollgültig wäre, und keinen Gehorsam vorschreiben
könnte. — Von diesen beyden Auslegungen des französischen Staatsrechtes konnte dem Nationalinteresse
keine behagen; und wirklich verletzte die eine, wie die
andere, auch die gemeinsten Prinzipien wahrer Staats-
kunst. Denn wie konnte die Idee jemals Eingang
bekommen: Daß in einer wohl geordneten Verfassung
die gesetzgebende Gewalt ganz allein, unbedingt und
ungetheilt, bloß einer einzelnen Person zukomme; daß
ihr solche zufolge des Rechtes der Erbfolge, und noch
überdies mit dem Vermögen zukomme, diese Gewalt
schon in einem Alter von dreyzehn Jahren auszuüben;
daß endlich diese Gewalt in der gleichen Hand mit
der vollziehenden verbunden seyn soll, und vollends
mit der Willkühr, Staatsbürger zu verbannen und
ins Gefängniß zu werfen? — Und wie hinwieder konnte
man auf einer andern Seite annehmen, daß man ver-
nünftiger Weise die Authorität der allgemeinen Gesetze
der Zustimmung von dreyzehn, in verschiedenen Ge-
genden des Reiches niedergesetzten, Parlementern unterwerfen könnte — von dem Gutachten von dreyzehn
Gerichtshöfen, die unaufhörlich nur mit Beurtheilung
von Privatprozessen beschäftigt sind, und sich beynahe
ausschliessend dem Studium und der Anwendung des
bürgerlichen Rechtes widmen? — Und die Erreichung
jenes großen Ziels des gemeinen Beßten sollte von
dem Zusammentreffen so vieler einzelnen Willensmeynungen abhängen? Und das erhabenste von allen Vorrechten, das Recht zum Zutritte bey der gesetzgebenden
Gewalt, sollte für eine gewisse Anzahl käuflicher Aemter zur Nutzniessung dienen? — Und war es auch für
die höchsten Gerichtshöfe anständig, von dem übel be-

richteten König sich auf den besser berichteten zu berufen, nur damit sie sich gegen die Folgerungen aus dem alten königlichen Sprüchworte verwahren möchten: Wer den König anerkennt, anerkennt auch sein Gesetz. Konnten endlich die Vernunft und der gesunde Menschenverstand gelassen zusehen, daß, in diesem immerwährenden Kampfe zwischen den gesetzgeberschen Anmaaßungen der Könige und der Parlementer, jene zum Angriffe sich der Verbannungs- und Verhaftbefehle bedienten, und diese sich damit vertheidigten, daß sie dem Privatmann ihre Rechtspflege verweigerten? — Während daß indeß die Parlementer immer und unaufhörlich für einen ergänzenden Bestandtheil der gesetzgebenden Gewalt angesehen seyn wollten, verriethen sie übrigens nichts desto weniger, bey allen andern willführlichen Schritten der Regierung, völlige Gleichgültigkeit; und während daß sie in allgemeinen Ausdrücken mehrmals gegen den Mißbrauch der Verhaftbefehle eiferten, nahmen sie sich darum gleichwohl nie der Sache eines Partikularen an; nie vertheidigten sie einen solchen gegen Bedrückung, wofern er nämlich nicht zu ihrer Magistratur gehörte; und ohne Zweifel glaubten sie auch nicht, daß ihre Gewalt sich weiter erstrecken könnte.

Ich fasse die Ideen, auf die ich bereits zu Anfange dieses Werkes, als ich der vorigen Zeiten erwähnte, ausführlicher hingewiesen hatte, hier bloß ins Kurze zusammen, und wollte nur noch einmal erinnern: Daß, wenn auch unter verschiedenen Königen die französische Regierung theils von den öffentlichen Sitten, theils von den persönlichen Eigenschaften der Regenten einen Charakter der Mäßigung geborgt hat, daß man sie darum, bey näherer Untersuchung ihrer

Verfassung, freylich keineswegs zu den gemäßigten Monarchien werde zählen können.

Ohne Zweifel und nicht ohne Grund bemerkt man, daß ursprünglich die französische Verfassung nicht in den gegenseitigen Rechten der Monarchen und Parlementer bestanden sey, sondern daß man ihre ersten Elemente in den Reichsständen suchen müsse. Ein politischer Körper aber, dessen Leben, Tod und Auferstehung während so vieler Jahrhunderte, nur entweder von der Willensmeynung des Königes, oder von der Gewalt irgend eines Augenblicks oder Umstandes abhieng, konnte ein solcher wohl je als ergänzender Bestandtheil der französischen Verfassung angesehen werden? Konnte man ihn als dauerhafte Gewährleistung für Ordnung und Freyheit empfehlen?

Vielleicht wird man sagen: Was kümmern uns die vorigen Zeiten? Alles wurde ja durch die Erklärung vom 23. Juni 1789. hinlänglich verbessert — durch jene Erklärung, vermöge welcher der König den Reichsständen einen dauerhaften Bestand gab, indem er feyerlich anerkennte, daß das Recht zur Bewilligung der Auflagen bey ihnen stehen sollte, und eben so, nach einer nothwendigen Folgerung, auch das Recht zur Bestimmung und Anordnung der öffentlichen Ausgaben. Allein bereits hab' ich von der Beschaffenheit dieser Erklärung gesprochen, und von dem geringen Einflusse derselben auf die künftigen Zeiten, so lange sie nicht von einer solchen gesellschaftlichen Verfassung unterstützt seyn würde, die sich durch ihre eigene Organisation behaupten könnte. Seit den ältesten Zeiten hatte die Nation geglaubt, daß, ohne Einwilligung ihrer Stellvertretter, keine Authorität sie zu besteuern befugt wäre. Lange Zeit war dies die Meynung auch selbst der Monarchen, und Carl VII. der

erſte, der ſich über dieſes Prinzip hinwegſetzte. Seine Nachfolger ſchritten auf dem gleichen Wege fort,
und nicht einmal die beyden Fürſten, welche die Laſt
des Volkes am meiſten und ſtärkſten gehäuft hatten,
weder Ludwig XIV. noch Ludwig XV. lieſſen die
Reichsſtände zuſammenberufen; ein ſicherer Beweis,
daß in dem Laufe der Zeiten das Eingeſtändniß der
Könige und ihre Verſprechungen ſchlecht genug die
Rechte der Nation verbürgten.

In Frankreich lag alſo das eigentliche Gleichgewicht der höchſten Gewalt nicht in der Organiſation
der Regierung, ſondern einzig in dem Einfluſſe der
öffentlichen Meynung; alſo einer Authorität, deren
Stärke mit dem Fortgange der Aufklärung und mit
dem Geiſte der Geſelligkeit allerdings zunahm. Wenn
man darum die alte franzöſiſche Regierung von der
ſchönſten Seite anſehen will, ſo muß man mit ſeinen
Blicken nicht bey den ſchwachen Schranken verweilen,
welche die Verfaſſung des Staates der willkührlichen
Gewalt entgegenſetzte; ſondern man muß dieſe Regierung ſo darſtellen, wie ſie ſich ſonderheitlich in den
neuern Zeiten zeigte, umgeben von jener öffentlichen
Meynung, die, ohne geſchriebene Geſetze, ohne einige
geſetzliche Superiorität, jeder Art von Ausſchweifung
entgegenarbeitete, und der Nation ſo große Dienſte
geleiſtet hat. Wo iſt aber eine Authorität, die nicht
mißbraucht wird? Der Augenblick kam eben auch,
wo, von ihren Siegen geblendet, die öffentliche Meynung mit ihrer Oberherrſchaft ſo groß that; ſie wollte
Alles wagen, wozu ſie Kraft fühlte, und nur ſich
ſelbſt wußte ſie durch keine Geſetze zu binden. Nunmehr überſchritt ſie alle Grenzen des Guten, und
kaum mehr erkennte man ſie, als ſie aus den höhern
Regionen der beſſern Geſellſchaft, wo ſie ihren Thron

hatte, tief herabstieg, um bey den nachäffenden Ge=
sinnungen und bey den regellosen Wünschen des ge=
meinen Haufens Verstärkung zu suchen. Diesen Bund
besiegelte das durchgängige Mißvergnügen, und durch
die eigenen Fehltritte beförderte ihn die Regierung.

Wie dem aber immer seyn mag, seit derselben Epo=
che wurde diese öffentliche Meynung allen Fürsten so
verdächtig, daß man ihr vielleicht gerne für mehrere
Jahrhunderte verbieten mögte, ihre Stimme hören zu
lassen. Sogleich bey der Wiederherstellung der alten
Regierung in Frankreich würde, im Schreckengefühl
der letztern Erschütterungen, auch nur die kleinste li=
berale Idee als mordbrennerisch erscheinen; und als=
dann fände gegen den Despotismus weiter keine mo=
ralische Sicherheit statt. Ein Grund mehr, warum
man wünschen soll, daß eine gemäßigte Freyheit durch
die Beschränkungen der Regierung selbst, und durch
ihre Organisation, für immer sichergestellt werde.

Da indeß die Erfahrung aus vergangenen Zeiten
belehrt, daß Umstände, die mit philosophischen Be=
trachtungen und mit abstrakten Idealen nicht das ge=
ringste gemein haben, sehr oft über politische Revolu=
tionen entscheiden, so gehört ohne Zweifel unter an=
dere mögliche Fälle auch dieser: Daß schlechtweg und
unbedingt die alte französische Regierung einmal wie=
der hergestellt werden könnte.

Was sollten aber selbst alsdann aufgeklärte Räthe
und treue Diener dem Monarchen zu Gemüthe führen?
Was anders, als: Daß in einem politischen Syste=
me, wo kein Gegengewicht statt hat, Alles auf die
Verwaltung ankomme; daß also eine gute Verwaltung
für das Haupt des Staates von der höchsten Wich=
tigkeit sey; daß ihm alles daran liegen soll, daß ihm
fürtrefliche Minister zur Seite stehen; daß er sich mit

der Wohlfahrt des Volkes unaufhörlich beschäftigen —
daß er Mäßigung, Sparsamkeit, Gerechtigkeitsliebe
beweisen, und durch tadelloses Betragen den Blick
des Volkes von den Gebrechen der gesellschaftlichen
Verfassung abziehen müsse. Immer sollte ihm die
Dazwischenkunft der übrigens monarchisch organisirt
bleibenden Provinzialversammlungen zu Dienste stehen;
aber noch vorher müßte die Regierung den Gemüthern
zur Abkühlung und zur Beruhigung Zeit lassen, ehe
sie kluger Weise auf die Zusammenberufung von Reichsständen bedacht seyn könnte. Auch begreif' ich nicht,
wie nach ihren ehemaligen Verhältnissen die drey Stände wieder könnten hergestellt werden, während daß
gegenwärtig einer derselben sich in seiner eigenen Meynung und in den Augen von Europa so merkwürdig
erhebt. Man betrachte jene ungeheure Anzahl frän-
kischer Bürger, welche von allen Seiten durch die
Bewegungen der Revolution electrisirt sind, und sich
als Subalternen einem Stande nähern, von dem
zween Drittel nur aus eingebildeten Neu-Adelichen
bestehen. Die Sache ist unmöglich, und kein Despotismus würde sie jemals durchsetzen können.

Vielleicht kann man die fränkische Verfassung
vom J. 1789. so kurz auch ihre Dauer war, zum Andenken wenigstens, unter die gemäßigten Monarchieen
zählen. Dies war der Zweck ihrer Urheber. Allein
bey diesem Gegenstande, den ich bereits untersucht
habe, halte ich mich nicht auf. Ach! von jener Verfassung, die noch heut zu Tage einige Anhänger hat,
bleibt weiter nichts übrig, als die lächerliche Rückerinnerung an die erste Lehrzeit von Frankreichs Gesetzgebern. Ein geträumtes Königthum ließen sie uns
zurück; einen höchsten Rang, ohne Majestät und Gepränge; einen Thron, ohne Stützen und Stafeln;

einen Thron, mitten auf den Ebenen der Gleichheit, mitten unter den Trümmern von jeder Art ehrfurcht- gebietender Sinnbilder; diesen Thron auf die Spitze gestellt. Welche politische Erfindung! Und jenes Ge- rüste von untergeordneten Authoritäten, jene Reihe von Geboten, ohne einige Mittel zur Erzwingung des Gehorsams; zahllose Gesetze, ohne vollziehende Ge- walt; kurz, dem Namen nach eine Monarchie, in der That aber eine Republik; und auf Gerathewohl der Geist dieser beyden Verfassungen über einen Plan verbreitet, dem es an bestimmten Zwecken und an Ueber- einstimmung gebricht. Welchen seltsamen Erfolg hat- ten daher nicht jene dreyjährigen Bemühungen! Sehr wohl läßt sich die kurze Dauer dieser Verfassung er- klären, aber nicht so ihre langsame und mühliche Ge- burth. Wenn ihre Zerstörung noch heut zu Tage selbst von geistreichen Männern bedauert wird, so muß man dieses Bedauern als eine Huldigung betrachten, die sie einer gemäßigten Monarchie hatten leisten wollen. Sie sagen, es sey wichtig, daß auf diesen oder auf einen andern Zeitpunkt das Modell einer guten Mo- narchie ganz fertig und sogleich zur Hand sey; das Modell einer Regierung, mit auszeichnendem Namen und Ansehn; und daß man die nothwendigen Aus- besserungen hernach immer einschieben könne. Ganz recht, wofern nur in ihrem Resultate diese Ausbesse- rungen eine wesentliche Umänderung hervorbringen. Zu der Verfassung vom J. 1789. so wie sie damals angenommen worden, kann man nicht weiter zurück- kehren, ohne daß zugleich auf der Stelle wieder ent- weder die Anarchie oder die Tyranney erscheine; oder, was noch wahrscheinlicher ist, beyde zusammen — so unzertrennlich sind sie.

Unter allen Monarchien also, welche scheint wohl

in kunstvoller Organisation am vollkommenſten die
Rechte und das Intereſſe des Menſchen und des
Bürgers ſicherzuſtellen? Dieſes ſchöne Vorbild liefert
uns einzig die brittiſche; und nicht genug kann man
es der Nation ſagen, die einer ſolchen Verfaſſung
genießt.

Unter allen untheilbaren Regierungen iſt die britiſche
tiſche die einzige, welche gleicher Weiſe ſo wohl die
Ordnung als die Freyheit ſchützt und beſchirmt. — Auf
majeſtätiſchen Säulen ſieht man ſie ruhen; und ihr
Anblick ergreift die Einbildungskraft mit dem tiefſten
Gefühle der Ehrfurcht; bald aber wird man gewahr,
daß der Pomp nicht zwecklos, daß er einzig und ganz
zur Milderung der Verwaltung und zur Verbannung
des Despotismus beſtimmt ſey.

Zur Sicherſtellung der Verfaſſung dienen drey Gewälte; ſie beſtehen aber nicht aus gleichartigen Elementen, die nur durch ein äuſſeres Merkmal unterſchieden, und jeden Augenblick in einander zu ſchmel-
zen bereit ſind. Jede von dieſen ſchützenden Authoritäten hat ihren eigenthümlichen Charakter, und unter
ihnen findet nur in ſo fern eine Verbindung ſtatt,
als ihr gemeinſchaftliches Intereſſe die Behauptung der
eingeführten Regierung erfordert.

Hier erblick ich Stellvertreter des Volkes, deren
Glücksumſtände und Erziehung für ihre weiſe Mäßigung und für ihre Theilnehmung an dem Beßten der
Geſellſchaft verbürgen; und da man ihnen nicht vorwerfen darf, daß ſie ſich in die öffentlichen Geſchäfte
eindringen, ſo bleiben ſie von jenem geheimen Zweifelmuth und Mißtrauen frey, wodurch die fränkiſchen Geſetzgeber ſo vielmal verleitet wurden, ihre
Macht durch gewaltſame Maaßregeln an den Tag zu
legen. — Dort erblick' ich eine gewiſſe Anzahl von

Männern, welche nicht zu ihrem eigenen Vergnügen
hohe Stellen bekleiden, sondern die mit Würde darum
eine gemeinnützige Magistratur über sich nehmen, damit sie den Bewegungen der Untern Kammer zum Gegengewichte dienen; oder vielleicht noch mehr, damit
sie unter der Nation jene Gedanken und Gefühle von
Achtsamkeit und Ehrfurcht im Gang erhalten, ohne
die ein Monarch sich nimmermehr zu behaupten im
Stand ist. — Endlich erblick' ich diesen Monarchen,
wie er durch seine ungetheilte Majestät die vollziehende
Macht, deren Bewahrer er ist, unterstützt und begünstigt; und da ihn diese ungetheilte Majestät auf eine
eben so einfache als glänzende Weise hervorhebt, so
heftet sich auf ihn jeder Blick, und unaufhörlich ist er
von aufmerkenden Beobachtern umgeben.

Die sicherste Brustwehr für eine Verfassung, die
den Britten so theuer geworden, ist übrigens die
Nation selbst; denn nicht so, wie den Franken, hat
man ihnen 377. Artikel der Verfassung zu behalten gegeben; aber ihr Interesse knüpfte man dafür an eine
kleine Anzahl von Prinzipien, die man als unbezwing-
liche Gewährleister ihrer Freyheit ansehen kann, und
die dem Herzen des Staatsbürgers und des Land-
mannes tief eingeprägt bleiben.

So wissen sie z. B. alle: Daß keine Steuer kann
aufgelegt, daß kein Gesetz kann gemacht werden, ohne
den förmlichen Wunsch der Stellvertreter des Volkes; ohne die Zustimmung einer Kammer von Pairs,
deren Interesse durch die stärksten Bande mit der öffentlichen Wohlfahrt vereinigt ist; und ohne die Sanction
des Monarchen zur endlichen Entscheidung. — Ueberdies wissen sie alle, daß kein Bürger bloß auf willkührlichen Befehl hin darf in Verhaft gesetzt werden,
und daß man jeden Arrestirten, aus was für einer

Urſache er's immer ſey, in Zeit von vier und zwanzig
Stunden nach dem Geſetze zur Verantwortung ziehen
muß. — Sie wiſſen alle, daß ihnen gegen den Mißbrauch der Gewalt ein Rekurs leicht offen ſteht. —
Endlich auch wiſſen ſie alle, daß das Recht zur Ueber-
reichung von Petitionen und die Freyheit der Preſſe
die verſchiedenen Authoritäten in Schranken behalten,
und ſie nicht auſſer ihren Umkreis hinaus ſchreiten
laſſen.

Sollten unter dem Schilde ihrer neuen Verfaſſung
nicht auch die Franken aller dieſer Vortheile genieſſen?
Die Zeit wird es lehren; und bis auf dieſe Zeit wollen wir nicht vergeſſen, daß die eigentliche Gewißheit
und dagegen die bloſſen Wahrſcheinlichkeiten nirgends
ſo ganz unterſchieden und ſo ſehr von einander entfernt ſind, als auf dem ungeheuern Felde politiſcher
Ideen und Leidenſchaften. Und hier rede ich nicht von
jenen groſſen Begebenheiten, welche Alles umzukehren
vermögen, ſondern bloß von ſolchen Vorfällen, deren
ſpekulative Grundſätze allemal in jenem Augenblicke
blosgeſtellt ſind, wo man ſie der Probe der Erfahrung
unterwirft; von ſolchen Vorfällen, denen ſolche Grundſätze bey ihrer Anwendung bloßgeſtellt ſind, es ſey
nun, daß man ſie ſchwäche, oder im Gegentheil, daß
man ihnen zu viel Kraft giebt, und dergeſtalt die Harmonie ſtöhrt, deren die erſten Urheber einer Verfaſſung ſicher zu ſeyn glaubten. Denn eine höchſt armſe-
lige Verbürgung iſt die bloſſe Theorie, inſonderheit
wenn ſie alles zum voraus umfaſſen, und unvertilgbar,
bis auf die kleinſten Züge, eine politiſche Verfaſſung
für einen groſſen Staat hinzeichnen will. Denn der
Genius der Zeit iſt es, welcher die erſten hingeworfe-
nen Ideen bearbeitet und vervollkommnet; und dieſer
alte Werkmeiſter, denk' ich, lacht des geräuſchvollen

Entbusiasmus so vieler Lernjünger, die, nachdem sie
aus den Minen, wo Jedermann schöpft, einige ab=
strakte Grundsätze hervorgezogen, sogleich die Lerm=
trommel schlagen und die Trompete blasen, um aller
Welt ihre Entdeckungen zu verkündigen; aber von der
Souverainität des Volkes und von den Menschenrech=
ten bis zu einer regelmäßigen wohlgeordneten Regie=
rung ist der Abstand noch grösser, als von einem Mar=
morklosse bis zum Apoll im Belvedere.

Laßt uns demnach in einem verkürzten Umrisse die
englische Monarchie und die fränkische Republik ge=
gen einander halten. Um eine richtige Vergleichung
zu treffen, setzen wir für einen Augenblick aus den
Augen, daß jene für sich schon hundert Jahre an
Dauer und Glanz voraus hat; nur in spekulativer und
philosophischer Hinsicht also stellen wir sie einer ganz
neu entstandenen Verfassung entgegen. Aus Trotz oder
aus Großmuth tritt wohl auch mehr als ein Feldherr
aus seiner Verschanzung heraus, um sich im offenen
Felde mit dem Feinde zu messen.

Sprechen wir vorerst von der öffentlichen Ordnung,
und zwar von einer solchen ohne Despotismus, als
dem ersten unterscheidenden Kennzeichen einer geschickt
und klug organisirten gesellschaftlichen Authorität. Und
was für ein Prinzip hat denn wohl diese Ordnung?
Ist es nicht die Ehre, die man dem Gesetze erweiset,
und die Ehrfurcht, welche die vollziehende Gewalt ein=
flößt? Ist es nicht bey dem Volke ein angewöhntes
Gefühl für Achtung, und bey dem öffentlichen Geist
eine Tendenz nach Sittlichkeit? Ist es endlich nicht
überhaupt eine Art von stiller, aber durchgängiger
Hochschätzung der eingeführten Regierung?

Laßt uns kurz jedes von diesen Kennzeichen noch
einmal ins Aug' faßen.

Die

Die Ehre, die man dem Gesetze erweiset.

Nach der fränkischen Verfassung soll dieses Gesetz das Werk von zwo Kammern seyn, und welche sämtlich für ihre wahre Theilnehmung an dem gemeinen Beßten keinerley Verbürgung, nicht einmal für ihre liberale Erziehung darstellen können. Unter diesen beyden Kammern soll endlich nur die Eine Gesetze vorschlagen, und die andere darauf beschränkt seyn, sie entweder zu billigen oder zu verwerfen; und zwar ohne daß sie ihre Bewegungsgründe anführt, ohne daß sie irgend eine Veränderung empfehlen, irgend ein Mittel zur Ausgleichung anzeigen kann; folglich wird sie eben darum schwerlich das Ansehn und den Rang behaupten, welche ihr die Verfassung zutheilt.

Laßt uns nun von eben dieser Seite England betrachten. Zur Gründung des Gesetzes vereinigen sich dort drey Willensmeynungen, und, nach dem Herkommen, beschränkt sich unter denselben nur eine auf das kurze Ja oder Nein, von dem wir so eben gesprochen haben. Diese Willensmeynung aber erschallet vom Throne herab, und so erhöhet sich ihr Ausspruch unter jeder Art von Majestät; überdieß weiß man, daß vermittelst der Einmischung seiner Minister der König bereits schon an der ersten Berathschlagung Antheil genommen habe. Die beyden gesetzgebenden Kammern sind in Ansehung der Rechte einander gleich, und die Kammer der Gemeinen besitzt kein anderes Vorrecht, als den Vorschlag zu Besteurungen. Auch bildet sich ihr Ansehn aus allen den Bestandtheilen, welche den Menschen je Ehrfurcht einflößen können. Die Kammer der Gemeinen besteht aus Bürgern, die von der Nation gewählt sind, aber sämtlich ein Eigenthum besitzen müssen, und zwar ein Landeigenthum; die obere Kammer, in welcher die Pairs des

IV.   C

Reiches sitzen, erscheint vor der Nation unter jedem Charakterzuge, wodurch sie von sich eine hohe Meynung erweckt. In England also ist es zwar die Volkswahl, zugleich aber sind es das Eigenthum, die Erziehung, die eingeführten Würden und Aemter, und noch über Alles die königliche Majestät, welche den Staatsgesetzen ihre verschiedenen Siegel aufdrücken. Diese eben so ehrenvolle als vernünftige Mischung vergleiche man nun mit der Zusammensetzung der fränkischen Legislatur, und alsdann entscheide man zwischen beyden Modellen.

Als zweyte Verbürgung der Ordnung betrachtete ich die Ehrfurcht gegen die vollziehende Gewalt.

Dieses hohe Amt legt die fränkische Verfassung in die vereinigten Hände von fünf Partikularen, die aus der gemeinen Bürger-Masse, mitten aus den fünf und zwanzig Millionen Menschen, welche die Republik in sich faßt, herausgezogen sind. Vor ihrer Ernennung besitzen sie keinen Titel, der ihrer Person eigen ist; keinen, der sie zum voraus bey der Legislatur zur Auswahl empfiehlt. Erst im Augenblicke also muß sich ihr Ansehn gründen, und für sie muß Alles ihr Platz thun. Man umgiebt sie, ich weiß es, mit Leibwachen, mit einem Costum und anderm Gepränge, worinn man den alten Hof nachäfft; aber ein so eilfertig geschaffenes Ansehn gleicht Früchten, die man unter Zwingbeeten hervortreibt, und die niemals so viel Werth haben, als die freywilligen Gaben der Natur. Ueberdies sollen diese fünf Partikularen, aus denen das vollziehende Direktorium zusammengesetzt ist, unter einander in dem besten Einverständnisse leben; kein entgegengesetztes System, keine Verschiedenheit der Sinnesart soll sie trennen: Denn bey einer so gebrechlichen Beschaffenheit darf man sich nicht der ge-

ringsten Gefahr blosstellen; man darf nicht aufs
Spiel setzen, und die kleinste Entkräftung kann tödt=
lich werden. Ganz gewiß werden die Direktoren von
der ersten Epoche dies empfinden; und ohne meinen
Blick auf Personen zu richten, muß offenbar eine sol=
che Lage, gegenwärtig wie vormals — es muß die
Gleichheit der Gefahr, die Gemeinschaft der Glücks=
wechsel — Alles dies muß ihre Verbindung verstärken;
und über ihr Band werden überdies die zahlreichen
Begleiter ihres Schicksales wachen, und es noch enger
knüpfen. Nothwendig endlich muß man politische Ein=
richtungen in einem weitern Zeitraume betrachten;
unter einem solchen Gesichtspunkte aber — wie kann
wohl ein kluger Beobachter der menschlichen Schwach=
heiten und Leidenschaften zuversichtlich glauben, daß
zwischen den fünf Theilhabern derselben Gewalt die
Harmonie lange fortdauern werde?

Nulla fides regni fociis,
Omnisque poteſtas
Impatiens conſortis erit.

Schon lange ist es, daß dies Lucan gesagt hat;
und wir wissen es aus einer heiligen Quelle, aus den
Zeugnissen der Geschichte und aus der Betrachtung
der Menschennatur. Endlich wird auch eine Art von
Verantwortlichkeit, zu der man unbestimmt genug die
Minister des Direktoriums verpflichtet, indem man
ihnen eine besondere Consistenz ertheilt, vielleicht die
Eifersucht und den Stoff zur Zwietracht vermehren;
und samt und sonders werden sie alle, die Direktoren
wie die Minister, da sie selbst an der Verfertigung der
Gesetze keinen beständigen Antheil haben, nicht immer
geneigt seyn, sich zum Fortgange der neuen Anord=
nungen zu vereinigen, denen sie weder aus Eigenliebe
noch aus Vaterliebe zugethan sind.

Mit diesen verschiedenen Ansichten laßt uns noch die gesellschaftliche Verfassung von England verglei= chen. Hier übt die vollziehende Gewalt ein erblicher Monarch aus, nachdem er bey Entwerfung und Ein= führung der Gesetze unmittelbar durch seine Sanction, und mittelbar durch seine Minister mitgewirkt hat. Diese vollziehende Gewalt übt er allein aus, und die Majestät um ihn her gewährt seinem erhabenen Amte jeden Beystand der öffentlichen Meynung. Verantwort= lich sind seine Minister, er selbst aber darf nicht an= geklagt, nicht entehrt, nicht verletzt werden. Die Engländer fühlten die Wichtigkeit von dem Glanze des Königthumes bey einer untheilbaren Regierung; und eine Würde dieser Art, und ihren bleibenden wohlthätigen Einfluß, wollten sie nicht dadurch aufs Spiel setzen, daß sie den transitorischen Krontitel ei= ner Erniedrigung unterwarfen. Man entscheide nun zwischen einer so grossen Hinsicht und dem kleinlichen Systeme einer Herabwürdigung, welche jeder von Frankreichs vollziehenden Direktoren erwarten muß. Ich habe dessen bereits Erwähnung gethan. Der Er= ste beßte kann gegen sie mit einer Anklage auftretten, wofern er sie nur unterzeichnet; und nachdem die Legislatur die Anklage angenommen, und den gnädi= gen Herren Direktor einem Tribunale unterworfen hatte, ist sie nach seiner Ledigsprechung in Kraft der Verfassung verbunden, ihn wieder in seinen Platz ein= zusetzen. So kann derselbe Mann, der zwischen zween Wächtern ins Gefängniß geworfen worden, immer noch in den Fall kommen, daß er wieder an sei= ner höchsten Stelle erscheint, daß seine Annäherung unter Trompetenschall kund gemacht wird, und daß er von Neuem unter den fünf Königen der Republik seinen Platz nimmt. Und wenn auch endlich ihre Re=

gierung ohne Mißgeschicke zu Ende geht, so muß doch
alle Jahre einer von ihnen plötzlich von dem Gipfel
der Gröſſe bis zu den unterſten Reihen der Geſellſchaft
herabſinken; und unter denſelben wird er vielleicht
ſeinen Feinden zum Spiel' und Spotte. Gewiß, ein
ſehr ſeltſames Verhältniß! Auf ſolche Weiſe alſo lenkt
man die Meynung? Auf ſolche Weiſe alſo bringt
man das Reſultat der moraliſchen Meynung hervor?

Indeſſen geſchah' es nicht bloß zur Unterſtützung
der Gewalt, daß die Engländer die vollziehende Macht
in die Hand eines Königes legten; ſie thaten es auch
deßwegen, damit der oberſte Rang auf einer Höhe ſte-
he, deren Erreichung im ganzen Staate Niemand hoffen könnte; damit Niemand das Herz hätte, auf die
Ausbrütung, oder auf die Unterſtützung irgend eines
Uſurpationsplanes auch nur bedacht zu ſeyn. In England umgeben den Thron die Pairs des Reiches; und
Bürger von den größten Glücksgütern haben, als
Stellvertreter des Volkes, einen weſentlichen Antheil
an der geſetzgebenden Gewalt; nichts deſto weniger ſind
ſowohl die einen als die andern von dem Monarchen
durch einen unermeſſenen Zwiſchenraum abgeſöndert,
und auf die unbeweglichſte Weiſe iſt das Ziel ihres
Ehrgeitzes feſtgeſetzt. In Frankreich hingegen (und
ſehr ſchön findet man dieſes) berühren ſich alle Authoritäten, und alle Menſchen ſind einander gleich. Auf
ſolche Weiſe aber wird man ſich bereden, daß man nur
vor ſich her ſtoſſen müſſe, um Platz zu gewinnen; und
die jedesmaligen Gebieter werden, im Schrecken über
ſolchen Tumult, das Beil emporheben, um den Haufen abzutreiben. Erzeugung der Factionen und ihre
immer neue Wiedererzeugung; die Zuflucht zum Despotismus zu ihrer Bekämpfung — dies ſind alſo wohl
die nothwendigen Folgen jener unbedingten Gleichheit

mitten in einem weitläuftigen Lande, das unter einer
unertheilten Regierung steht.

Es giebt eine Volksmeinung, welche man sehr unrecht auf alle und jede Regierungen anwenden würde und deren Annahme die letzten Gesetzgeber von
Frankreich in ihren politischen Träumen nicht wenig
irre geführt hat. Man glaubt nämlich, daß, zur Unterhaltung des gewissenhaften Eifers der Staatsbeamten und zur Hinlenkung ihrer ganzen Aufmerksamkeit
auf das gemeine Beste ihre Lage stets unbeständig und
wandelbar seyn müsse. In kleinern Republiken mag
dieser Calkul stattfinden, da hier der Wirkungskreis
der Staatsbeamten unendlich beschränkt, und ihre Ob-
liegenheiten genau abgemessen sind; in einem weitläuftigen Lande hingegen, unter einer einzelnen untheilbaren Regierung muß der Bewahrer der vollziehenden
Macht, über seinen Beruf erschrocken, einen grossen
Theil seiner Fähigkeiten auf allerley persönliche Berechnungen verwenden, wenn nicht eine ganz gesicherte
Lage ihn von aller Unruhe und von aller Ehrsucht be-
freyt. Unaufhörlich werden sich in die Gedanken, die
er dem öffentlichen Interesse wiedmen sollte, auch Rücksichten auf dieses sein persönliches Interesse einmischen.
Er wird also auf die Behauptung seines Credits, auf
die Verlängerung seiner politischen Existenz steten Bedacht nehmen, und aller seiner Kunst wird er auf-
bieten, um sich den Anschein zu geben, er eifere für
den Staat, während daß er blos für sich selbst arbei-
tet. In einer gesetzgebenden Versammlung kann die
Abänderung, die Erneuerung der Glieder, ohne einige
beygemischte Unbequemlichkeit ihren Nutzen haben, weil
sie bey ihrer Verbindung, bey ihrem abstrakten Charakter ganz von einander unabhängig seyn können.
Ueberdies haben Einsichten, die in Masse aufgehäuft

und zusammengefaßt sind, eine Art Jdentität, welche
durch die Verschiedenheit der Beyträge nicht entstellt
wird; die Beweglichkeit der vollziehenden Gewalt hin=
gegen, die Beweglichkeit einer unaufhörlich thätigen
und immer isolirten, und immer vor Augen stehenden
Gewalt, wird dieselbe, mit alle den unabsehbaren und
stets fürdauernden Gegenständen der Verwaltung eines
grossen Staates, in das seltsamste Mißverhältniß bringen.
Also handelten die Engländer keinesweges unklug, als
sie diese Gewalt auf eine unveränderliche Weise bestimm=
ten; und sie erreichten den höchsten Grad der Voll=
kommenheit dadurch, daß sie ihrem Bewahrer ein völ=
liges Zutrauen einflößten, und ihn zugleich hinderten,
es jemals zu mißbrauchen.

Nicht weniger bewundere ich in der brittischen Ver=
fassung, daß auch die Fortsetzung der vollziehenden Ge=
walt durch das Recht der Erbfolge, mit keinen Be=
sorgnissen begleitet seyn kann. Bey einer Regierung
nämlich, die mit philosophischer Kunst ausgedacht ist,
kömmt es so ganz unvermeidlich nothwendig auf die
Eigenschaften des Monarchen nicht an. Nur für einen
Zug mehr bey der Vollendung muß man sie ansehen;
aber auch ohne sie kann Alles seinen Weg gehen, und
man bedarf da weit weniger der Person des Fürsten,
als überhaupt des Königthumes selbst, und seines Ehr=
furcht gebietenden Charakters. Weit' weniger bedarf
man da jener Person des Fürsten, als hingegen einer
ewig fortdauernden individuellen Theilnehmung an dem
Heile des Staates; einer ewig fortdauernden, unzwey=
deutigen und unzweifelhaften Garantie; eines ewig
festen Ankers mitten unter dem Steigen und Fallen
der hinschwebenden Gewälte; mitten unter den ehr=
süchtigen Leidenschaften, deren Keim in dem Schooß ei=
ner stellvertretenden Verfassung freylich unvertilgbar ist.

Mit Grund hiernächst, glaub' ich, zählte ich Unter
die wesentlichen Bedingungen der öffentlichen Ordnung
auch jene Angewöhnung an Achtsamkeit, und die Em=
pfindungen der Ehrfurcht; sie sind's, welche die Ge=
müther zur gesellschaftlichen Unterordnung vorbereiten;
sie sind's, welche den Tumult der Eitelkeit stillen,
oder ihm wenigstens einen bescheidnern Gang verleihen.

Von alle dem hat hingegen in dem Systeme der
Gleichheit nichts statt, und so mannigfach sind die
Zweige dieses Systemes, daß ich glaubte, sie beson=
ders und in allen ihren Beziehungen betrachten zu müß=
sen; nicht allein in Rücksicht auf die öffentliche Ord=
nung sondern auch noch in Rücksicht auf die Freyheit,
auf die Moral, auf die Glückseligkeit. Gegenwärtig
also mach' ich nur auf die Weisheit aufmerksam, wel=
che in England aus der Stufenleiter der Rangord=
nung hervorleuchtet. In dieser Rangordnung herrscht
eine Behutsamkeit, die man nicht genug bewundern
kann. Der Gesetzgeber *) scheint von der Meynung so
viel Beystand entlehnt zu haben, als die gesellschaft=
liche Ordnung nothwendig bedarf, und nicht mehr;
und in diesem Falle bediente er sich einer Sparsamkeit,
die eben seine tiefe Einsicht beweist. Er ließ es sich
nicht einfallen, die Nation in zwo Klassen zu theilen,
und die eine dadurch zu kränken, daß er der andern
solche Vorrechte ertheilte, die dem Staate selbst zu
nichts dienen könnten. Er schien, sich zu sagen: Ge=
rade nur so viel bedarf ich zur Erreichung meines Zwe=
kes; Alles, was drüber hinaus wäre, müßte ganz

*) Der Abkürzung wegen bediene ich mich des Ausdruckes Ge=
setzgeber; denn auch mir ist es nicht unbekannt, daß die
brittische Verfassung nicht das Werk der Menschen, sondern
der Zeit sey.

zwecklos die Würde eines brittischen Staatsbürgers
entstellen; Alles aber liegt mir daran, daß sich dieser
Bürgercharakter in seiner Würde erhalte, weil ich nur
unter dieser Bedingung meine Ideen von Freyheit
glücklich durchsetze; theure Ideen, die ich mit der
Handhabung der öffentlichen Ruhe zu vereinigen ge-
denke. Wirklich sind auch die in England eingeführten erblichen Vorzüge so genau mit dem gesellschaftlichen
Interesse verbunden, und so eng in den Bezirk desselben eingeschlossen, daß sie von dem allgemeinen Volks-
willen angeordnet und beschrieben scheinen. Die Pairs-
schaft ist der einzige angebohrene Vorzug, den das
Gesetz anerkennt, und vermittelst einer sehr glücklichen
Berechnung bedarf es nur allein dieses Schimmers,
welcher auf zwey- oder dreyhundert Magistrate seinen
Glanz wirft, wenn auf der einen Seite der gesetzgebende Körper mit Majestät, und auf der andern Seite der
Thron in einem solchen Gefolge erscheinen soll, das
auf gewisse Weise dem Königthume seine letzte Vollendung giebt. Und zu unserm Erstaunen war es doch
möglich, einen so grossen Zweck mit einer so kleinen
Aufopferung von Seite jeder Art der Eigenliebe und
Eitelkeit zu erreichen!

In dem gleichen Geiste setz' ich noch hinzu, daß
der König von England einen grossen Fehler begehen
würde, wofern er, mit Hintansetzung des politischen
und philosophischen Nutzens der Pairschaft, ohne Maaß
und Ziel eine so hohe Nationalwürde immer weiter
austheilen wollte: Denn der Ideen und Angewöhnun-
gen von Ehrfurcht darf man sich keineswegs unbedacht-
sam bedienen; einmal in ihrem innern Grunde verdorben, fällt es äusserst schwer, die Mittel zu finden,
um sie wieder rein herzustellen.

Ueberhaupt hatten bisher die Fürsten, und gera-

be auch diejenigen unter den französischen Monar=
chen, welche so leichthin die Adelsbriefe vermehrten,
sich bereder: Daß, wenn sie zur Belohnung ihrer Die=
ner erbliche Vorzüge austheilen, sie auf solche Weise
den öffentlichen Schatz und die Einkünfte des Staates
schonen; aber sie sahen nicht ein, wie sie dagegen die
Quellen, welche in der Einbildung liegen, erschöpft,
und damit so zu sagen das Hauptgut des Königthums
aufgezehrt haben.

Hier indeß stossen wir auf eine noch allgemeinere
Frage: Ist nicht jede Art politischer Erblichkeit, selbst
die am beßten geordnete, stets noch ein Eingriff in
das allgemeine Recht? Bey solcher Erblichkeit giebt es
ja immer eine gewisse Anzahl von Aemtern und Wür=
den, welche nur dem Zufalle der Geburth angehören,
und von denen ein Theil der Nation schlechtweg aus=
geschlossen bleibt. Sind nun solche Unterscheidungen
und Vorrechte nicht offenbar ungerecht, oder kann man
sie vor dem Richterstuhle der Vernunft als gültig be=
haupten? Ja, freylich! Denn was ist wohl diese Erb=
lichkeit einer kleinen Anzahl von Magistraturen in Ver=
gleichung mit jener Erblichkeit der Glücksgüter, die
doch allgemein für heilig anerkennt wird, und in ih=
ren Zweigen die gesammte Gesellschaft umfaßt. Unter
allen Vorrechten ist das Patrimonialgut das wesent=
lichste und wichtigste; und doch hängt auch dieses von
dem Zufalle der Geburth ab; und gern unterwirft man
sich einem solchen Prinzip der Vertheilung, weil es die
Handhabung der gesellschaftlichen Ordnung begünstigt.
Warum also sollte man mitten in einem grossen Lande,
wie Großbritanien, mitten unter einer Bevölkerung
von acht bis neun Millionen Menschen, die Gründung
von zwey bis dreyhundert erblichen Magistraturen ver=
dammen? Warum diese politische Einrichtung verdam=

men, wenn sie eben so, wie die bürgerliche Erbfolge, zur Handhabung der gesellschaftlichen Ordnung beyträgt? Warum sie verdammen, wenn sie noch überdies eines von den Unterpfanden der Freyheit ist; wenn sie den Eingriffen des populairen Geistes und den herrschsüchtigen Versuchen des Monarchen gleichen Widerstand thut? Sollte der Gedanke nicht schön seyn, sich selbst der Superiorität der Reichthümer zu einem politischen Gewinne zu bedienen? Und ist es von Seite des Gesetzgebers nicht ebenfalls ein kluger Gedanke, den Geist der Erblichkeit und den Geist des Zeitumstandes zum Beßten des Vaterlandes in Bewegung zu setzen? Auf solche Weise verschaft man sich ja zweyerley Arten des Beystandes, zweyerley Arten der Verbürgung; auf solche Weise ahmt man die Weisheit und die Vorsichtigkeit der Handelsleuthe nach, die ihre Güter auf verschiedene Schiffe vertheilen. Ueberdies — womit könnte man wohl in einem grossen Reiche die Zernichtung jeder Art von Erblichkeit vergüten? — Durch die Wahl und die Zustimmung des Volkes. — Hat nicht aber auch dieses Prinzip der Vertheilung seine Unbequemlichkeit? Es hängt freylich nicht von den Zufällen der Geburth ab, aber von denen der Leidenschaften; und gerade diese sind es, die vielleicht das gefährlichste Spiel treiben. Auch lasse man hier nicht ausser Acht, daß sich die Gefährlichkeit, oder, wenn man will, die Unzulänglichkeit der Wählungen mit dem Umfange des Landes vergrössert, weil dieser Umfang zugleich auch zwischen dem persönlichen Interesse und dem öffentlichen einen allzugrossen Abstand verursacht. Auch diese Bemerkung mag von einiger Wichtigkeit, besonders in ihrer Anwendung auf ein Land seyn, wo die Charaktere so wenig Festigkeit haben.

Hieraus ergiebt sich, warum die fränkische Nation

weit weniger, als jede andere, für eine ganz und rein
stellvertretende Verfassung geschaffen ist. Gerade sie
hätte zuerst das politische Verdienst einiger erblichen
Würden erkennen sollen; das Verdienst einer in England so gut eingerichteten Anstalt, vermöge welcher
die Liebe zur Ordnung, die Liebe zum Vaterlande, die
Liebe zur eingeführten Regierung unaufhörlich unter
dem Schilde eines persönlichen, energischen und mäch-
tigen Interesse sichergestellt bleibt; und vermöge welcher überdies jene unschätzbaren Gefühle hervorgehoben, und durch die Authorität des Beyspieles allgemein
gemacht werden. In einer solchen Anstalt aber wurden
Frankreichs Gesetzgeber nichts weiter gewahr, als einen Vorrang, welcher nur einzelne Individuen begünstigt. Oberflächlich war diese Bemerkung, und äusserst
kleinlich diese Ansicht. — Beynahe in dem gleichen
Geiste hatten sie anfänglich den Einfall, auch bey den
Kriegsheeren die alte Einrichtung der Grenadierkom-
pagnien abzuschaffen. Das Bild einer ersten Reihe,
einer Klasse, einer Mütze die über die Horizontal-Linie
der Legionen hervorragte, beleidigte ihre Grundsätze
der Gleichheit, der Einförmigkeit, der Uebereinstimmung; und nur die Erfahrung führte sie auf eine Anordnung zurück, deren Nutzen der Krieg wohl am Besten ins Licht gesetzt. Erst itzt begriffen sie, daß diese
Grenadiere die Bewegung der ganzen Soldatenmasse
leiten, wenden und unterstützen könnten; und nun zo-
gen sie einer allgemeinen Idee ein allgemeines Gut vor.

Das Schreckende bey einer Theorie ist wohl immer
dieses: Daß sie keine Beschränkung, keine Ausnahme
zuläßt. Um ihre Herrschaft auszudehnen, um unter
unsern neuen Gesetzgebern sich zur Königin' der Welt
zu erheben, muß sie in jeder Art von Wissen ganz einfache Axionen aufdringen, welche der Schüler eben so

kräftig auffaßt, wie der Meister. Nur so sammelt sie
rund um sich her zahllose Anhänger; nur so verwandelt sie ihre Vorschriften, so zu sagen, in eine Art von
Religionsglauben. Ich bin demnach überzeugt: Die
Erblichkeit gewisser Magistraturen ist eine politische Anordnung, die, gleich so vielen andern, Vortheile verspricht, wenn sie klug beschränkt wird; und ich bitte,
daß man zuletzt noch folgende Bemerkung prüfe. Jene
Magistraturen, die in England unter dem Namen
der Pairwürden bekannt sind, dienen zum geheimen
Bande des ganzen Systemes der gegenseitigen Achtung;
eines Systemes, welches freylich ganz in der Meynung,
ganz in der Moralität besteht, das aber gleichwohl zur
Handhabung der gesellschaftlichen Disziplin weit noth-
wendiger ist, als die ganze Doktrin der rächenden Ju-
stiz oder der schönste Pönal-Codex.

Laßt uns den Versuch der angefangenen Vergleichung fortsetzen, und zwar immer nur nach einfachen
Zügen, so wie der beschränkte Raum es uns erlaubt.

Die Tendenz des öffentlichen Geistes nach der Moralität begünstigt die gesellschaftliche Ordnung weit
mehr, als die beßte politische Einrichtung solches nicht
zu thun vermag; und die beyden Regierungsformen,
welche ich hier gegen einander halte, würden sich von
dieser Seite in denselben Verhältnissen befinden, wofern nämlich die religiosen Meynungen der Moral fremde wären, und wofern nicht die englische Regierung
für die Ehre und für die Unterhaltung dieser Meynungen wachen würde, während daß die fränkische sie
mit Gleichgültigkeit und mit Verachtung behandelt.
Ohne Zweifel aber wird es niemand mißbilligen,
wenn ich hier nicht wieder auf einen Gegenstand
zurückkehre, bey dem ich mich schon mehrmals verweilt habe. Mit Ungeduld erwartet man, daß junge

Gesetzgeber, die jüngsten wenigstens in der Reihe der
Jahrhunderte, es der Welt erklären, warum man seit
der ersten historischen Vorzeit immer so ganz irriger
Weise die Sinnlichkeit mit alle dem vereinigt habe,
was in den Gedanken des Menschen und in seinen
Empfindungen je das Erhabenste ist. Diese Belehrung
erwartet die Welt von den Abgeordneten der Ardeche
und der Gironde, und überhaupt von dem ganzen
gesammten fränkischen Nationalkonvente. Nichts will
erscheinen; noch kündigt sich nichts an; noch stralt
keine neue Idee hervor, es erschallet kein hinreißendes
Wort; und gleichwohl hört man nicht auf zu sagen
und zu wiederholen, freylich nicht ohne Uebertreibung:
Daß in Frankreich alle Moral verschwunden sey; daß
die Söhne mit den Ermahnungen der Väter ihr Spiel
treiben, und daß jeder Mensch von reiferm Alter nur
seinem persönlichen Interesse gehorche. Das Gebäude
fällt aus seinen Fugen, und alle Schlußsteine wanken.
Hat man aber auch nur z. B. berechnet, was in der
bürgerlichen Ordnung mehr oder weniger die Zulassung
oder die Verwerfung des Eides vermöge; jenes ver-
pflichtenden Bandes, das schon für sich allein so vielen
Verführungen entgegensteht? Nein: Denn nichts sollte
in Rechnung kommen, was alt war; nichts von alle
dem, was die Erfahrung bewährt und geheiliget hat.
Auf die Winke der Zeit achtete man überall nicht;
und wir besorgen, sie werde sich rächen.

Unter die wesentlichen Bedingungen zur Unterhaltung der gesellschaftlichen Ordnung zählte ich auch das
Wohlgefallen und gleichsam den Geschmack einer Nation an der konstitutionellen Form ihrer Regierung; jene
stille, aber durchgängige Hochschätzung, die den Gesetzen so viele Kraft giebt. Diese nun findet man in
ihrer ganzen Fülle in England; dort herrscht sie, seit

mehr als einem Jahrhunderte, ohne einige Veränderung; und ohngezweifelt hätte daſſelbe Gefühl auch in Frankreich Wurzeln gefaßt und ſich fortgepflanzt, wofern man daſelbſt eine Regierung eingeführt hätte, die in ihren groſſen Anlagen und Hauptbedingungen die engliſche würde nachgeahmt haben. Noch hat es aber mit der Republik dieſe Bewandtniß nicht. Das Wohlgefallen an ihr äuſſert ſich bloß durch unſichere Züge, die ſelbſt die Leidenſchaft für ſie nicht feſt zu beſtimmen vermag; und ich weiß nicht, was herauskommen würde, wenn man durch eine Art chemiſcher Scheidung von dieſem Wohlgefallen diejenigen Empfindungen lostrennen könnte, die nicht unmittelbar auf die Verfaſſung ſelbſt Bezug haben; wenn man davon das Intereſſe der neuen Beſitzer der ſogenannten Nationalgüter, kurz, das Intereſſe ſo vieler Menſchen trennen würde, die das fremde Gut, das ſie an ſich gebracht haben, nur unter dem fernern Schutze jener Verfaſſung geſichert glauben; wenn man davon überdies noch alle jene Verpflichtungen lostrennen könnte, zu denen man ſich durch die Verläugnung ſo vieler andern verbindlich gemacht hat. Denn durch ſo häufige Verbrechen, durch ſo mannigfaltige Unthaten wurde in ihren erſten Jahren die fränkiſche Republik befleckt, daß es einem Menſchen von reinem Sinne und Herzen unmöglich iſt, ſie auf andere Weiſe zu lieben, als in der Einbildung, und auf Hoffnung hin.

Mit vieler Gewandtheit indeß wußte man das Volk zu bereden, daß es der Gründung der Republik die Befreyung von ſo mancher drückenden Auflage danke; und es vergaß, daß dieſe Befreyung bereits in der Epoche der erſten Nationalverſammlung und ſchon zur Zeit einer gemäßigten Monarchie erfolgt war. — An allen Feſttagen, bey allen feyerlichen Anläſſen erſchallte laut und wiederholt das Zujauchzen: Es lebe der Konvent! Es lebe die Republik! Daſſelbe Geſchrey aber erhoben auch jene Barbaren rund um die Blutbühnen, wo Frankreichs Tyrannen jeden Tag neue Mordſcenen aufführen lieſſen. Nur die Zeit zerſtreut das Blendswerk, und erſt mit ihr erſcheinen die Geſinnungen und Meynungen in ihrer reinen Offenheit und Wahrheit. Seit der Epoche der erſten Hoffnungen, welche die konſtituirende Verſammlung erregt hatte, erhielt keines von allen politiſchen Syſtemen allgemeine Zuſtimmung. Aber damals war auch die Preßfreyheit noch nicht im geringſten beſchränkt, und keine der auswärtigen Zeitungsblätter wurden verboten. Weder die Lobpreiſung der alten Regierung, noch ſelbſt das Bedauern über ihren Verluſt, erregte die mindeſten Beſorgniſſe; hierauf aber beruhet das ächte Zeichen des Zutrauens eines Neuerers auf den Werth ſeiner Lehre; hierauf das Zeichen ſeiner Redlichkeit bey Allem, was er über den Beyfall der Nation und über die allgemeine Wünſche zu ſprechen und zu rühmen gewohnt iſt!

Bisher haben wir die Regierung von England nur unter einer einzigen Anſicht, unter ihrer Beziehung auf die politiſche Ordnung und geſellſchaftliche Unterordnung betrachtet. Nunmehr wollen wir ſie auch von derjenigen Seite beurtheilen, wodurch ſie für die Bewachung und Handhabung der Freyheit ſo ganz angemeſſen iſt. Um dieſen neuen Gegenſtand mit unſern vorhergehenden Betrachtungen näher in Verbindung zu bringen, erinnern wir hier nur wieder an jene Hauptwahrheit: Daß ohngeachtet aller noch ſo herrlichen Bedingungen und Phraſen in einer Verfaſſungsurkunde gleichwohl keine Freyheit dauerhaft gegründet iſt, woſern die Hochachtung gegen die Regierung, und die Ehrfurcht gegen das Geſetz immer nur bloß aus Ueber-

legung

legung herrühren, und nicht zugleich durch unsere ge=
wohnten Gesinnungen unterstützt werden; Denn in
dem ersten Fall können es die Machthaber nicht unter=
laſſen, unaufhörlich auf die Gemüther zu wirken, und
durch Schreckmittel die unsichern Meynungen zu feſſeln.
Da indeß sie selbst die Schwäche ihres Ansehns zuerst
fühlen, so greifen sie zur Verbergung derselben nach
den Werkzeugen des Despotismus; und zuweilen ist es
eine bloſſe Kränkung ihrer Eigenliebe, die sie zu tyran=
nischen Maaßregeln antreibt.

Natürlich folget aus einer so wichtigen Beobach=
tung, daß eben die Würde und Majestät der höchsten
Gewälte es sind, welche eine sanfte Regierung verbür=
gen, und daß eben sie zum allgemeinen Beßten die
Summe der Aufopferungen vornämlich verringern, zu
denen die öffentliche Ordnung die Freyheit aufzufor=
dern bemüßigt ist.

Einen solchen Dienst nun leisten der fränkischen
Nation nimmermehr weder jene Legislatur noch jene
vollziehende Gewalt, welche man beyde mitten unter
fünf und zwanzig Millionen Menschen herauszieht, die
einander alle ähnlich, alle gleich sind, und dafür schon
von ihrer Geburth und ersten Erziehung an müssen
gehalten werden. Nimmermehr leisten einen solchen
Dienst weder jene Legislatur noch jene vollziehende Ge=
walt, beyde zwar mit grossem Ansehn bekleidet, aber
ganz eilfertig, nur von Heute auf Morgen, und ohne
einige Vorbereitung von Seite der öffentlichen Meynung.

Auch sehen wir, wie der Konvent, seiner unbe=
schränkten Gewalt ohngeachtet, immer noch sein Miß=
trauen verräth, indem er bey jeder Gelegenheit von
seiner ruhigen Haltung und Ehrfurcht einflössen=
den Stellung sprach. Niemals bediente sich das bri=
tische Parlement einer solchen Sprachformel; und bis

IV.   D

auf die neueſten Zeiten, wo die Anfälle des fränkiſchen
Nationalgeiſtes für den Augenblick eine Vergröſſerung
der öffentlichen Stärke veranlaßte, wurde nichts deſto
weniger, mitten in einem Lande, das ſo manches Intereſſe durchkreuzt, die innere Ordnung bloß durch die
Herrſchaft des Geſetzes behauptet; und ſeit einem
Jahrhunderte nahm man niemals Zuflucht zu irgend
einem willkürlichen Schritte, zu irgend einer Verletzung
der konſtitutionellen Freyheiten, oder auch nur zu irgend einem Syſteme der Staatsinquiſition. Wird man
nun glauben, daß ein ſo groſſer Zweck hätte erreicht
werden können, ohne irgend eine andere Dazwiſchenkunft, als die vom Volke ernennten Magiſtraturen?
Dieſen Zweck ſollte ein einziges, und zwar das ein-
fachſte Mittel erzielen, die Vertilgung der moraliſchen
Ideen nämlich, die doch ſo geſchickt ſind, das Gefühl
für Ordnung und Unterordnung einzuflöſſen und zu
erhalten? Erreichen ſollte man ihn, ohne den Beyſtand der Thronmajeſtät, und ohne die Gründung einer erlauchten Magiſtratur, als des Gefolges jener er-
ſtern? Erreichen auch, ohngeachtet der geſetzgebende
Körper weder aus einer ſolchen Magiſtratur noch aus
Männern zuſammengeſetzt iſt, die ſich unter der Nation theils durch ihr Eigenthum, theils durch ihre liberale Erziehung am meiſten auszeichnen? Erreichen
endlich, ohne einige Gewaltſamkeit, während daß
man alle jene Einrichtungen verwirft, die zur Unterſtützung des Anſehns den gedankenloſen Inſtinkt des
groſſen Haufens, ſelbſt ſeine Vorurtheile, und die
ganze Zaubermacht der Einbildungskraft, dieſe innere
Triebfeder unſerer Natur, dieſe eben ſo wirkſame als
unzerſtöhrbare Kraft, als ſo viele verſchiedene Hülfsmittel herbeyruft?

In Frankreich wollte man demnach die Authorität

ganz und allein aus der eigentlichen Gewalt zusammensetzen. Faßte man aber so das Prinzip der öffentlichen
Ordnung richtig in's Auge? Entdeckte man eigentlich
das Geheimniß der Freyheit? Ganz und allein aus
Gewalt, sag' ich, wollte man die Authorität zusammensetzen. So foderte man die Einen auf, Hochachtung
und Gehorsam nur aus Furcht zu beweisen; so reizte
man die Andern, nur durch Despotismus ihre Hintansetzung zu hindern.

Eitele Betrachtungen! wird man sagen. Ist es
nicht notorisch bekannt, und bestätigt es nicht die
Geschichte, daß Republikaner die einzigen freyen Menschen sind, und daß man unter einem Könige mehr
oder weniger immer ein Sklave ist?

Erklär' uns, würd' ich aber indessen einwenden,
von was für einer Republik, und von welcher Art Monarchie du redest? Bevor du aber in Thatsachen deine
Beweiskraft suchest, vergiß ja nicht, daß seit der
Gründung der Republik nie eine Tyranney der Herrschaft der fränkischen Regierung gleich kam; und ohne
daß du dich zur Behauptung deiner Meynung hinter
der vergangenen Zeit verschanzest, berufe dich zu deiner
Unterstützung lieber auf die Zukunft, und fasse Fuß
mitten unter Voraussetzungen und prophetischen Ahnun-
gen. Seit Robespierre's Zeit aber, und seit der Zeit
seines eisernen Zepters, begrüßte man die Franken
täglich mit Komplimenten in ihrer Eigenschaft, als
Republikaner. Oder man erinnere sich nur an alle
jener Beglückwünschungen, welche ihnen, wegen ihrer Befreyung und wegen ihrer Freyheit, der Tyrann
eben so prahlerisch als schaamlos ertheilte. Von der
Tribune herab huldigten er und seine Trabanten den
Republikanern täglich mit neuen Liebkosungen; und
während daß diese letztern an Händen und Füssen ge-

feffelt waren, verhöhnten sie die andern Völker, und
schalten sie Sclaven. Wie fürchterlich sind nicht Worte, wenn man sich ihrer, anstatt damit die Ideen
nach ihrer ersten Bestimmung auszudrücken, verräthe-
rischer Weise dazu bedient, die Meynung irre zu leiten, und die einfachsten Sätze zu verdrehen. Die
fränkischen Republikaner, oder die republikanischen
Franken, waren bisher weit tyrannischer, weit will-
kürlicher unterjocht, als die Neu-Griechen von Kon-
stantinopel, und als die niedrigsten Unterthanen der
Sultane Asiens. Wahr ist's, diese scharfe Mißhand-
lung litten sie von ihren Pairs, von Ihresgleichen;
ein solcher Umstand aber, denk' ich, diente ihnen wenig zum Troste; vielmehr machte solcher ihre Ketten
nur noch drückender, anstatt sie zu erleichtern. In Betreff dieses letztern Punktes indeß mag jeder seinem
eigenen Gefühle folgen; der meinige ist entschieden,
und ich finde so wenig Geschmack an einem solchen
Gehorchen, daß ich, vermittelst Kunst oder Zauber-
kraft, Jeden, der mir dergestalt zu befehlen befugt
wäre, nicht ungern mit fünfhundert Ellbogen-Stössen
oder noch etwas mehr abtreiben mögte.

Darf ich's sagen, auf Gefahr hin, mich zu betriegen? Mir scheint es, die Gesetzgeber Frankreichs,
und zwar gerade mit den ersten dieses Namens anzu-
fangen, haben jene grossen politischen Fragen niemals
von der gehörigen Höhe betrachtet. Monarchie, Aristokratie, Demokratie, setzten, immer in einem ganz
vulgaren Sinne diese Worte, ihren Geist in Bewegung; und sie sprachen davon ohne Sachkunde und
ohne Würde. Auch von einem Könige sprachen sie,
aber immer als subalterne Diener, als Schüler ihres
Schulmeisters, während daß sein königliches Amt,
als politische Erfindung, ebenfalls, je nachdem es be-

schränkt wird, dazu dient, Ordnung und Freyheit zu schützen, und die Vereinigung dieser beyden Beförderungsmittel der Wohlfahrt zu verbürgen. Hätte man aber von einer langen und zahlreichen Reihe von Gesetzgebern dergleichen erwarten sollen?

Mögen doch hierüber alle andern Nationen auf ihrer Hut seyn! Denn noch einmal: Die Elemente in dem Systeme der Gleichheit reichen wahrlich nicht hin, um daraus die beyden höchsten Gewälte der Gesetzgebung und der Vollziehung zusammen zu setzen; also zwey Gewälte wenigstens, mit denjenigen Eigenschaften, die zu ihrer Natur und zu ihrer Stimmung gehören. Man setze sie in Gedanken auf dieselbe Linie, und ganz friedlich neben einander; alsdann werden sie das eine Mal einander alles hingehen lassen, und ihre gegenseitige Wachsamkeit wird sich verlieren; das andremal aber werden sie sich, wie es bey völliger Gleichheit zu geschehen pflegt, unter einander necken; und alsdann wird der schwächere aus ihnen, und derjenige, der am meisten blosgestellt ist, der vollziehende nämlich, sein Ansehn verlieren. Auch von dieser Seite betrachtet, herrscht in der Organisation der brittischen Regierung ein vollkommener Einklang.

Wie benimmt man sich in Republiken, wo man keine von jenen Unterscheidungen zuläßt, aus welchen ein System von Achtung gebildet werden könnte? Man duldet etwa einen leichten Vorrang, der sich auf die öffentliche Meynung gründet, und in einem engern Kreise zur Handhabung der gesellschaftlichen Ordnung hinreichend ist; in grossen Staaten hingegen muß man nothwendig den Eindruck auf die Gemüther durch auffallendere Zeichen des Unterscheids verstärken. Nothwendig erfodern die Verschiedenheit der Landesgrösse, und die Verschiedenheit der Bevölkerung, auch

eine Verschiedenheit in der Verfassung; daher ist es
vielleicht zu bedauern, daß die Sprache zur Andeu-
tung des Begriffes von Umfang nur Ein Wort hat,
und daß sie alle Grade desselben, selbst die merklich-
sten, nicht anders als durch Beywörter und Umschrei-
bungen ausdrücken kann. Ich rede im Ernste: Wenn
wir zwey einfache, besondere Nennwörter gehabt hätten, um den Unterschied zwischen einem Umfange von
fünf und zwanzig tausend Stunden und einem Umfange von fünfzig Stunden zu bezeichnen; und überdies zwey einfache, besondere Nennwörter zur Bezeichnung einer unbeschränkten, und hinwieder einer gemäßigten Freyheit. so würden wir uns schon vermittelst dieser Freygebigkeit der Sprache vor sehr vie-
lem Unheile verwahrt haben.

Bey näherer Ansicht wird man nämlich bald gewahr werden, daß alle höhern Authoritäten nach den
verschiedenen Graden des gesellschaftlichen Umfanges
müssen abgemessen und bestimmt werden; und vielleicht liefert einst ein politischer Newton die Tabelle
dieser Verhältnisse, und erklärt ihre Berechnung.

Philosophisch und ohne Vorurtheil vergleichen wir
in diesem Abschnitte die gemäßigte Monarchie der Britten mit der fränkischen Republik; und bey weiterer
Verfolgung unsers Gegenstandes werden wir noch in
neuen Beziehungen den Geist dieser beyden Verfassungen betrachten.

Indem die Engländer einer gemäßigten Monarchie den Vorzug gaben, und indem sie die vollziehende
Gewalt nur in eine einzige Hand legten, nahmen sie,
wie es mir scheint, keine Rücksicht auf lüsterne Ehrsucht, sondern beschäftigten sich ganz allein mit dem
Interesse des Staats. In Frankreich hingegen betrachtete man die Ausübung der vollziehenden Gewalt

als eine Art von heimgefallenem Gute, welches, so
wohl durch Theilung als durch unaufhörliche Abände=
rung der Agenten und Verwalter, der gesammten Ge=
meinheit zudienen müßte. Daher zweifl' ich keines=
wegs, wenn plötzlich ein Engel, ein himmlischer Geist
auf die Erde herabgestiegen wäre, und dem Konvente
gesagt hätte: Verfertigt Gesetze, und Ich nehm' es auf
mich ganz allein, ihre Vollziehung dadurch sicherzustel=
len, daß ich dem Volke jene Achtung und Folgsamkeit
einflöße, wodurch alle strengern Maaßregeln überflüßig
gemacht werden — ganz gewiß hätte man seinen Vor=
schlag verworfen. „Hört Ihr", so hätte man ge=
schrieen, „dieses übermüthige Geschöpf, das davon
„spricht, Alles für sich allein auszuführen? Um die=
„sen Preiß verlangen wir keine Dazwischenkunft; und
„kurz, wir verwerfen eine Gewalt, zu deren Be=
„kleidung nicht jeder Bürger fähig seyn kann. Sie
„gehören, wie wir wohl sehen — ja, mein Herr
„Erzengel! Sie gehören zu der Kaste der Aristokra=
„ten; kehren Sie wieder hinauf zum Himmel! Nur
„hurtig, oder wir schleppen Sie vor den Revolutions=
„Tribunal, oder jagen Ihnen das Volk über den
„Hals". Auf alle dies aber würde bey seinem Weg=
schwinden der himmlische Geist erwiedert haben: „Es
„sind Anfänger; sie nehmen Worte für Sachen, und
„die Figuren der Gewalt für den Zweck der Regie=
„rung"! — Zufolge ihrer politischen Grundsätze hät=
ten hingegen die Britten in solchem Falle sich ganz
anders benommen; denn obgleich sie ihre vollziehende
Macht nicht in die Hand einer stellvertretenden De=
mokratie legten, so würden sie gleichwohl empfunden
haben, daß eine himmlische Dazwischenkunft noch vor
der Gewalt eines Königes den Vorzug habe; und sie
hätten daher zu dem ihrigen gesagt: „Wir haben

„uns über deine Geschäftsführung nicht zu beklagen;
„unter dem Beystande deiner Minister und Agenten hast
„du beynahe oder ganz Alles geleistet, was wir von
„dir erwarteten; allein dein Unterhalt kostet uns et-
„was; du bist ein Mensch, und deine Mittel sind be-
„schränkt: Willkommen muß uns also der Vorschlag
„des himmlischen Geistes seyn; denn mit Gewißheit
„erfüllt er den Zweck, den wir uns bey der Erhö-
„hung eines Monarchen, bey der Unterstützung des-
„selben durch grossen Glanz, bey seiner Bekleidung mit
„der vollziehenden Gewalt vorgesetzt hatten. Du kehrst
„also nach Hanover zurück, oder du bleibst unter
„uns; und, so wie du, geniessen auch deine Nach-
„kommen aller der Achtsamkeiten, die man der höch-
„sten Würde schuldig ist, womit du so lange Zeit be-
„kleidet warst". — Ich weiß nicht — aber es scheint
mir, daß man vermittelst einer derley eingebildeten
Voraussetzung den Zweck, die Absicht und den Geist
der brittischen Königswürde auf eine Weise heraus-
heben könne, welche über die vorliegende Frage ein
neues Licht verbreiten kann.

Hiernächst untersuche man noch, ob sich in England der Bewahrer der vollziehenden Macht, in wiefern er von dem Glanze des Thrones oder von dem
Wiederscheine jeder andern eben so majestätischen Hoheit entblößt wäre, jemals bloß für seine Person allein den Blicken der Nation darstellen könnte? Zur
Behauptung seines Ansehens aber darf er ja nicht
unaufhörlich von einer gesetzgebenden Versammlung
umgeben seyn; und auch für die Ruhe des Staates,
und auch für die Erhaltung der Harmonie zwischen
den höhern Gewälten ist es wichtig, daß diese Versammlung, daß das Parlement in dem Augenblicke

aus einander gehe, wo die öffentlichen Geschäfte beendigt sind.

Und nun frag' ich: Wie kann man glauben, daß ein vollziehendes Direktorium, so wie es nach der Anweisung der neuen fränkischen Verfassung gebildet ist, jemals bloß für sich und ganz allein einer zahlreichen Nation unter die Augen treten, jemals der gewohnten Verschanzung der gesetzgebenden Rathsversammlungen entbehren könne? Ich sage noch mehr; die Wirkung des Systemes der Gleichheit ist so sonderbar, daß selbst die Verbindung, und zwar die beständige Verbindung der gesetzgebenden und der vollziehenden Gewalt nicht hinreichend seyn würde, unter einer untheilbaren Regierung den Gehorsam durch einfache Mittel und in einem ausgebreiteten Lande zu erhalten, wofern diese Verbindung nicht den Anschein hätte, als unterstützte sie bloß die Meynung von Paris, als besäße sie den Beystand eines Hauptortes, welcher eine Art Departemental-Aristokratie vorstellt, deren die höhern Authoritäten zu ihrer Erhaltung und zur Behauptung ihres Ansehns unmöglich entbehren können. Auch glaub' ich, als davon die Rede war, die Hauptstadt damit zu strafen, daß der Sitz der Regierung nach Nogent-le-Rotrou oder nach Chalons an der Marne verlegt werden sollte — ich glaube, sag' ich, man habe nicht Alles genug ins Auge gefaßt, was Paris für eine stellvertretende Demokratie seyn kann.

Ohne Zweifel darf man bey dem Gegenstande, den ich behandle, eine wesentliche und so oft wiederholte Einwendung nicht aus dem Gesichte lassen. Man sagt nämlich: Die vollziehende Gewalt in der Hand eines einzelnen Menschen, setze die Freyheit in Gefahr, besonders in einem Lande, wo es beständig einer groſſen bewaffneten Kriegesmacht bedarf. Wenn man ſich indeß erinnert, wie in Frankreich die öffentliche Meynung ſchon bloß für ſich allein die königliche Gewalt in Schranken hielt, ſollte man denn eine Uſurpation derſelben, einen Eingriff in die Freyheit befürchten, wofern noch überdies eine Verſammlung von Stellvertretern, eine Kammer der Pairs, und eine National-Charte jene Meynung unterſtützt, und dabey jede verfaſſungsmäßige Vorkehr gebraucht wird, um den Mißbrauch der Linientruppen ganz oder doch beynahe unmöglich zu machen? Eine Vorkehr, die man in England wirklich gebraucht hat, und die, vielleicht ohne einige Unbequemlichkeit für die geſellſchaftliche Ordnung, einer noch gröſſern Ausdehnung fähig ſeyn würde.

In politiſchen Einrichtungen iſt man freylich vor dieſem oder jenem Zufalle nie ganz ſicher; indeß zweifl' ich keineswegs: Wenn aus dem Grabe nicht etwan bloß ein Robespierre, ſondern überhaupt ein Mann von der verwegenſten Kühnheit und von dem gewandteſten, ränkevollſten Geiſte hervortretten könnte, und man ihn fragen würde, welche Schaubühne er zur glücklichen Ausführung der Role eines Uſurpators allen andern vorziehen wollte? daß, ſag' ich, ein ſolcher nicht England, ſondern Frankreich vorziehen würde. Denn allen Muth würde er verlieren beym Anblicke jener Stellvertreter, die in Großbrittanien mit ſo viel Gepränge gewählt werden — beym Anblicke der Gemeinen, die alle durch eine liberale Erziehung aufgeklärt worden, und durch ihre Eigenſchaft von Grundeigenthümern der Handhabe der öffentlichen Ordnung ſo günſtig ſeyn müſſen. Verlieren würd' er den Muth beym Anblicke jener Pairs des Reiches, denen der Monarch nichts Koſtbarers anbieten kann,

als ihren politischen Stand. Zurückweichen würd'
er vor Schrecken beym Anblicke so vieler eifersüchtigen
Wächter, welche die höchste Gewalt umgeben, und
deren Blicke sich auf ein einzelnes Wesen, auf den
Fürsten und auf seine Handlungen heften. In diesem
England endlich würde er bey aller Verschiedenheit
des Ranges, dennoch nirgends keine Bedrückung sehen, und auf keine Weise könnte er das Volk blen-
den, und es ausser seine Linie herauslocken, um den
Gang des Despotismus zu begünstigen und zu unterstützen. Dagegen würden ein solcher neue Robespierre und seines gleichen, oder nach besser ein Ma-
rius, ein Pisistrat sogleich gewahr werden, welche
Parthey ein ehrgeitziger Mann aus einer neuen gesellschaftlichen Ordnung, wie die fränkische ist, ziehen
könnte. Dieser Ehrgeitzige — wir wollen ihm nachgehen — verbirgt zwar für einige Zeit seine Anschläge;
wenn er aber nun einmal ans Direktorium gelangt ist,
so beginnt er damit, seine Collegen gegen das Beneh-
men und gegen die Formen der Legislatur zum Unwillen zu reitzen; nach und nach gewinnt er sie für
eine Opposition; verleitet sie zu falschen Maaßregeln;
schreckt sie dann durch das Gemählde von den Verfol-
gungen, denen jeder für sich besonders, oder denen
sie sämtlich blosgestellt sind, so bald sie einmal wieder in das Privatleben zurücktreten sollen. Nun flößt
er ihnen den Wunsch nach der Fortdauer ihres höchsten Ranges ein; und, anstatt ihnen hiebey die Gefahren und Schwierigkeiten zu schildern, spricht er
nur von günstigen Umständen und von den Wahr-
scheinlichkeiten des Erfolges. Er zeigt, wie leicht man
unter den beyden Rathsversammlungen den Saamen
der Zweytracht ausstreuen, und eine kleine Anzahl
von Männern gewinnen könne, die durch ihren Cha-

rakter dazu gebohren sind, die schwächern Gemüther hinzureissen. Er zählt die verschiedenen Anwendungen her, die man von Verheissungen und Drohungen, von Hoffnung und von Furcht machen kann. Er entfaltet — und, wenn es nöthig ist, übertreibt er — die Mannigfaltigkeit der Verführungsmittel, deren man sich bey Menschen von mittelmäßigen Umständen bedienen kann; bey Menschen, die, nun einmal der Gewalt so nahe, sich ungerne wieder zurückziehen wollen. Alsdann entdeckt er vertraulich die Kunstgriffe, vermittelst deren man die beyden Rathsversammlungen in der öffentlichen Meynung zu Grunde richten kann; sehr wohl weiß er, daß in einer Verfassung, wo die vollziehende Gewalt an der Gesetzgebung keinen Antheil hat, die Machthaber dieser Gewalt, vermittelst allerley künstlicher Einladungen, sich immer als Freunde und Beschützer der untern Volksklassen zeigen, und hingegen alles Gehäßige der Auflagen und der strengern Maaßregeln auf die beyden Räthe abwälzen können. Und wer sieht nicht überdies, wie leicht eine Nation in Bewegung gesetzt wird, in welcher, vermöge der Gleichheit, jedes Individuum seine Ansprüche auf Alles erstreckt? — So bald indeß dieser neue Robespierre seine Collegen zu einem ersten Schritte verleitet hat, so nöthigt er sie, um ihrer eigenen Sicherheit willen, sofort zu dem zweyten; und sehr schnell wird er ganz unbedingt über sie Meister, weil nur Er hinwieder ihre Zweifel und ihre Unruhen besänftigen kann; nur Er hiezu die erforderlichen Mittel besitzt. Dies sind nur einige hingeworfene Züge; und man wird nicht vergessen, daß es mir hier bloß darum zu thun war, eine Vergleichung anzustellen, wie die Usurpation der Gewalt in zwey verschiedenen Ländern möglich wäre, von denen das eine einer gemäßigten

Monarchie unterworfen, das andere hingegen repub=
likanisch beherrscht seyn würde. Daher ende ich diese
Parallele mit der Bemerkung: Daß, wenn auch bey
den ehrgeizigen Plänen eines Fürsten, oder hinwie=
der eines vollziehenden Direktoriums, die Gefahren
und Schwierigkeiten übrigens gleich wären, doch im=
mer darin noch ein grosser Unterschied auffallen müß=
te: Ein erblicher Monarch nämlich, und, um es noch
bestimmter zu sagen, ein König von England kann
ohne Sinnlosigkeit sich keine bessere politische Lage
wünschen, als die seinige; während daß in Frank=
reich hingegen der Besitzer des höchsten Ranges im=
mer auf der einen Seite das Dunkel erblickt, aus dem
er emporgestiegen ist, und auf der andern Seite das
Dunkel, in das er wieder herabsinken soll. Welche
Lage! Ist wohl irgend eine andere, welche einen feu=
rigen Charakter, einen ehr= und herrschsüchtigen Geist
stärker theils durch unbefriedigte Wünsche, theils durch
verlorenen Besitz beunruhigen kann.

Man übertrieb, und immer noch übertreibt man das
Uebergewicht und Ansehn, welches die brittische Ver=
fassung dem Monarchen zutheilt. Allgemein bekannt
jedoch ist der beschränkte Einfluß der Krone auf die
Kammer der Gemeinen, und nimmermehr wird der=
selbe weder den Freyheitssinn, noch die Ehrfurcht für
die Verfassung zu schwächen vermögend seyn. Neben=
dem liegt eine Haupturfache von jenem Einflusse in
der mittelbaren Einwirkung der Regierung auf die
Wahlen verschiedener Parlementsglieder; ein Umstand,
der eben nicht wesentlich bey jeder gemäßigten Monar=
chie eintrift, und der auch in England verschwinden,
oder doch weit unbedeutender seyn würde, so bald ein=
mal das Recht der Stellvertretung unter den verschie=

denen Burgen des Königreiches gleichförmiger vertheilt
werden dürfte.

Auch durch Verheissungen leitet man indessen die
Stimmen mehrerer Parlementsglieder in beyden Kammern, und schwer würde es seyn, eine solche Art
des Einflusses ganz unmöglich zu machen. Sollte
man's wirklich thun wollen? Und ist es zur Erhaltung der Ordnung, des Friedens, der Freyheit nicht
nothwendig, daß man den Geist der Opposition zu
mäßigen vermöge? Denn auch dieser Geist trägt einen Keim des Verderbens in sich. Das Bestreben
nach der Volksgunst und nach einem ruhmvollen Namen hat auf das Betragen der Menschen eben so viel
und öfters noch mehr Einfluß, als das Verlangen,
sich dem Ausspender der Gnaden gefällig zu machen.

Bey dieser Parallele, welche ich zwischen zwo Arten
von Regierungen ziehe, frag' ich hienächst: Ob man
wohl glauben könne, daß Menschen, die, wie in
Frankreich, von ihren Glücksumständen nicht die geringste Anzeige zu thun schuldig sind, um bey den gesetzgebenden Rathsversammlungen Zutritt zu haben —
ob man wohl glauben könne, daß solche Menschen von
jeder Verführung frey bleiben, und ob sie, in der
allgemeinen Regel, nicht minder davon frey bleiben
werden, als hingegen andre, welche unbedingt nothwendig ein Eigenthum haben müssen, und zwar die
Einen ein Einkommen von 300. Louisd'or an Grund
und Boden, die Andern von 600. nach Beschaffenheit
des Distriktes, deffen Stellvertreter sie sind; denn
ohne eine solche Bedingung hat man in England zu
dem Parlemente nicht Zutritt.

Vielleicht wird man mir antworten: In Frankreich habe das vollziehende Direktorium keine Civil-
liste, und folglich liege in seiner Hand auch kein Mit-

tel zur Verführung. Darf man aber zweifeln, daß
es zu geheimen Ausgaben Fonds fodern, daß es sol=
che leicht erhalten, und daß es nicht hierin, so bald
es will, eine Hülfsquelle zur Durchsetzung seiner beson=
dern Politik finden werde? In seiner Gewalt stehet
nebendem die Ertheilung einer Menge von Stellen,
sämtlich sehr angemessen für die Anverwandten und
Freunde einer gewissen Klasse von Personen, deren
Stand und Glücksgüter sie vor keiner Art Ehr= und
Habsucht rein bewahren. Ich urtheile nur überhaupt,
und betrachte die Frage blos nach den gemeinsten
Regeln.

Bemerken wir ferner, daß die Besorgnisse wegen
der Verführung, diese beynahe unausweichliche Ge=
fahr, immer in einem solchen Lande sehr beschränkt seyn
müsse, wo noch die öffentliche Meynung ihr Ansehn
ausübt. In einer weitläufigen Demokratie hingegen
fürcht' ich, wird diese Meynung zu schwach seyn; zu
schwach, mitten in einer Gesellschaft, welche auf un=
bedingte Gleichheit gebauet ist. Wie denn? wird man
sagen: Sollte nicht gerade in einem solchen Lande
die öffentliche Meynung in Masse, und eben darum
ganz unwiderstehlich wirken? Ja! aber diejenige Art
von Bewegung, in welcher sich die Bürger alle ver=
einigen, hängt blos von besondern Vorfällen, von ir=
gend einem ausserordentlichen Umstande ab, und selten
bleibt sie von dem Revolution geiste frey. So übt
jene Meynung ihre nützliche und tägliche Censur nie=
mals aus; sondern ein so wichtiges Censoramt erfüllt
sie nur in solchen Staaten, wo eine Stuffenleiter des
Ranges festgesetzt ist; in Staaten, wo diese Stuffen=
leiter die Ideen von Achtung und die Gefühle von
Verachtung erhöhet. Da hingegen, wo man nicht wir=
ken kann, als gemeinschaftlich mit dem Volke und

durch das Volk, richtet man mit solchen moralischen
Triebfedern beynahe nichts aus; und selbst Lob und
Tadel würden gegenwärtig ein verrostetes, unbrauch-
bares und vergessenes Gewehr seyn, wofern nicht einige periodische Skribenten die Gabe besessen hätten,
sich seiner nach den Umständen zu bedienen. Darum
aber ist es nicht minder wahr, daß die Meynung,
so wie man sie vormals faßte, dieses so zarte und
gleichwohl so furchtbare Gebilde, in Frankreich weiter
kein Ansehn mehr gewinnen kann, und ihre Ritter
verloren hat. Auch wird man sehen, daß in den
neuen Republik die Machthaber, die Gesetzgeber, Minister und Direktoren ohngestraft hundert Fehltritte
werden begehen können, unter denen ein einziger den
Ruf und die Gewalt eines noch so weit bey dem Fürsten vorgerückten Günstlings auf immer würde zu
grundgerichtet haben.

Unaufhörlich spricht man von dem Rechte der
Stellvertretung, von seinem Ansehn und Einflusse;
allein berechnen sollte man hinwieder, was, in demselben Sinne und Geiste, die öffentliche Meynung zu
ihrer goldenen Zeit vermogt und gegolten habe. Noch
hat man nichts gesehen, als die Wahl bey den Ur-
versammlungen; allein dieses so hoch gepriesene Vorrecht ist vielleicht gerade das, was von der moralischen Kraft einer Nation am wenigsten wirksam und
eindringend ist. Von dieser Wahrheit und ihren verschiedenen Folgen bin ich so überzeugt: Daß, wenn
ich auch voraussetze, in Frankreich befinden sich an
der Spitze der Republik nicht etwan bloß Leuthe von
blinden Ohngefehr aus dem großen Haufen gezogen,
sondern wirkliche Güterbesitzer, und nur sie allein vereinigen in sich so wohl die vollziehende als die gesetzgebende Gewalt; wenn ich ferner voraussetze, daß

man

man alsdann nach moralischer Berechnung den Grad
ihres Ansehns bey der Nation schätzen könne — so bin
ich dennoch überzeugt, daß man immer noch diesen
Grad weit unter demjenigen finden würde, den sie in
einer gemäßigten Monarchie einnehmen könnten, unter
einer Regierung, wo sie, wie in England, an der
Gesetzgebung nur ihren besondern Antheil hätten: Denn
unter einer Regierung dieser letztern Art würde die öf=
fentliche Meynung von ihnen, d. h. von der Masse
ausgebildeter und begüterter Menschen geleitet werden;
in einer stellvertretenden Demokratie hingegen werden
auch die Gütereigenthümer, selbst während des augen=
blicklichen Besitzes aller Plätze, gleichwohl die Vorur=
theile und die Leidenschaften des grossen Haufens noch
immer fürchten und schonen; und auf solche Weise
werden sie, bey einer hin und her irrenden oder we=
nig geltenden öffentlichen Meynung, nur schlechten
Schutz finden; ihr Ansehn wird nur scheinbar seyn,
und weder Bestand noch entschlossenen Muth haben.

So viel von der Gewalt und ihrer Wirksamkeit.
Aber auch die Oberaufsicht und die Censur verändern
sich gleichfalls wesentlich, sobald die öffentliche Mey=
nung aus ihrem eigentlichen Sitze herausfällt, sobald
sie ihre Stelle nicht mehr unter den ersten Gliedern
und Reihen der Gesellschaft einnimmt, so bald sie sich
nicht mehr mit der Cultur und Aufklärung verschwi=
stert, und nicht mehr aus einem edeln Instinkte her=
fließt. Immer noch unterwirft man die Machthaber
eine Verantwortlichkeit auf Tod und Leben hin; dage=
gen ist alle Furcht vor Entehrung und Schande bey=
nahe ganz dahin, und erweckt keinen Schrecken mehr.

Nicht genug kann man es sagen: So viel gute und
tägliche Dienste leistet denn doch nichts so sehr, wie
die öffentliche Meynung; schwankend zwar ist ihr Da=

IV.   E

seyn, aber scharf bestimmt sind ihre Wirkungen, und
ununterbrochen ist ihre Thätigkeit. Sie ist stärker als
das Geseß; stärker als die bewaffneten Legionen; und
gleichwohl muß man gegenwärtig besorgen, daß sie,
mitten unter dem Tumulte der Gleichheit scheue gewor=
den, nun in sich selbst wenig mehr Zuversicht habe,
und überall den Plaß lär lassen werde.

Noch eine andere Bemerkung indeß muß hier nach=
geholt werden. Es liegt in der Natur der Dinge,
und ganz besonders noch in der unvertilgbaren Natur
der gesellschaftlichen Welt, daß weit aus die mehrern
Menschen mit ihren Glücksumständen unzufrieden sind.
Eine solche Gemüthsstimmung, welche durch Verglei=
chungen unterstüßt wird, verdient von Seite der höch=
sten Gewalt allerwärts Schonung; und wenn grosse
Fehler bey der Staatsverwaltung, oder ausserordentli=
che Umstände, die unruhigen Bewegungen des Volkes
vermehren, so fanden es in monarchischen Ländern die
Fürsten nicht selten nothwendig, der Hoffnung da=
durch eine neue Außsicht zu öffnen, daß sie ihre vor=
nehmsten Minister entfernten, und dem Blicke der Na=
tion andere Personen darstellten.

Man seße nun anstatt eines Königes ein Direkto=
rium. Was wird es in einer solchen Lage beginnen?
Was, um zu rechter Zeit die öffentliche Bewegung
entweder abzuleiten oder zu stillen? Die Minister die=
ses Direktoriums sind mit ihm von derselben Natur,
und ihre Abänderung bringt wenig Wirkung hervor:
Nebendem, nur mit ihm allein wünscht man zu rech=
nen; denn seine Bestimmung beschränkte man nicht,
wie das Amt der Könige in gemäßigten Monarchien,
auf die majestätvolle Stellvertretung der höchsten Ge=
walt, oder gleichsam auf die anschauliche Darstellung
einer feyerlich hohen und gleichsam magischen Idee.

Man wird sagen, das Direktorium von Frankreich leide eine unaufhörliche Erneuerung; und auf solche Weise habe man zum voraus für das Bedürfniß gesorgt, das öffentliche Interesse rege zu erhalten, und von einer Zeit zur andern die Meynung neu zu beleben. Ich halte aber dieses Mittel nicht für wirksam genug. Die Abänderung eines einzelnen Mannes unter Fünfen, und nur von Einem Jahre zum andern, zu bestimmter Zeit — diese schwache Abänderung hindert das Direktorium nicht, sich den Blicken der Nation als ein gleichförmiges Wesen darzustellen, als ein und immer dasselbe abstrakte Ding; und wenn das Ansehn dieses sonderbaren Wesens nicht die Probe der Zeit aushält, so wird sich der Geist der Unruhen nach einer Revolution neigen, welche selbst aus der Natur einer solchen Regierung entspringt.

Endlich würde man mich wohl nicht hören, wenn ich itzt schon sagen wollte, daß man unter den Franken auch noch die Wirkungen des Ueberdrusses zu besorgen habe. Werden sie wohl jene lange und eintönige Oligarchie ertragen können, welche, unter einem gemeinschaftlichen Namen, aus fünf Personen zusammengesetzt ist? Das Direktorium, und immer wieder das Direktorium! Und keine Sinnbilder; keine abwechselnden Erscheinungen; kein Außenschein, nichts Hervorstechendes, nichts für die Augen, nichts in Gestalt und Bewegung, und Alles für eine neu geschaffene Autorität, welche keinerley Dunkel der Ideen oder der Vorurtheile umhüllt! — Freylich unterstützt sie ein konstitutioneller Codex; aber auch dieser Codex selbst bedarf eines Anstriches; und zu blaß sind seine Züge für eine Zuschrift an die Nachwelt, und für einen Zuruf an alle Jahrhunderte. Ueberdies kann man leicht glauben, daß es dem Direktorium auffallen werde,

wie wenig Analogie der Nationalcharakter mit jenem
einförmigen Gefühle habe, das von Seite der Franken die Einförmigkeit einer höchsten Magistratur zu er-
fordern scheint, welche zu anschaulicher Darstellung einer ewig nur abstrakten Idee bestimmt ist. Um sich also der Einbildungskraft der Zuschauer unter abwech-
selnder Gestalt zeigen zu können, wird das Direktorium die Gelegenheiten suchen müssen; entweder reißt
es alsdann zu unruhigen Bewegungen, oder wenigstens hält es sie nicht ab, und zuletzt gefällt ihm der
Krieg, und besser vielleicht noch, als der Frieden.

Diesen letztern Theil meiner Betrachtungen oder meiner Zweifel, unterwerf' ich indessen gänzlich der Beleuchtung der Zeit, oder der Vorhersehung und dem
Scharfblicke so vieler Männer von Einsicht.

Nur über die gemäßigten Monarchieen erlaub' ich
mir noch eine Bemerkung; und ganz besonders rich'
ich dieselbe an fühlende Seelen. In der Zusammensetzung einer Regierung dieser Art erblick' ich nämlich
zwei ganz unterschiedene Wesen, deren jedes von einer
eigenen Art und Natur zu seyn scheint: Das eine ist
das Einzelne und Einfache, das andere das zusammengesetzte; und keines ist müßig. Das Zusammengesetzte,
heißt es, dient dazu, die Berathschlagungen reif werden zu lassen; es dient zur Abhaltung der willkürlichen
Gewalt, und zur Vereinigung einer größern Menge
von Lichtstralen in demselben Brennpunkte. Weniger
achtet man daher auf die besondern Dienste, welche
das einzelne, einfache Wesen leistet; und doch liegt nur
in ihm die wahre Verantwortlichkeit, das eigentliche
Bedürfniß zu gefallen, das eigentliche Bestreben nach
edelm Ruhme. Das einfache Wesen, die Einheit ist
es, die Alles erschöpft und ausschöpft, weil sie auch
Alles genießt; die Einheit ist's, die Alles schätzt und

berechnet, weil ſie auch unter Allem leidet. Den größten Werth endlich der Einheit find' ich darinn, daß
Güte und Erbarmung nur durch ſie dargeſtellt werden.
Denn, ſo ſelten ſind dieſe unſchätzbaren Tugenden in
ihrer ganzen ſchönen Natur bey kollektiven Weſen zu
finden. Weit öfterer trift man in ganzen Verſammlungen Muth, Kühnheit und zuweilen einen falſchen
Heroiſmus an. Jeder kann daran Theil nehmen; jeder kann es mit Worten, und allenfalls mit der höchſten Steigerung derſelben thun. Güte hingegen iſt eine
Regung, die aus einem einzigen Guſſe auf einmal ganz
herausfließt; eben ſo das Mitleiden, die Großmuth,
die Begnadigung, das Erbarmen. Alle ſolche Regungen gehören ausſchlieſſend nur dem einfachen Weſen
zu. — Süſſe und troſtvolle Betrachtung! Denn voll
Vertrauen und voll Liebe führt ſie uns zurück auf die
Idee einer Gottheit, eines einzigen Herrn der ganzen
Schöpfung. Ach! ohnmächtig wie wir ſind, hingeriſ-
ſen durch ſo manche Verblendung zu ſo mancher Ver-
irrung, welche Hoffnung hätten wir noch, wofern ein
himmliſcher Konvent wäre, der uns richten ſollte?
Wir Alle wünſchen, und, ohne daran zu denken,
verlangen uud ſuchen wir Alle über uns jenes Einzige
Weſen; ein Weſen, deſſen unſchätzbare Güte tief in
ſeine innere Natur verwebt iſt, in ſeine einfache Natur, in ſeine Allmacht, und in ſeinen einfachen Willen.

Wenn wir nun von dieſen hohen Anſichten auf unſ-
ſere kleine einheimiſche Wirthſchaft hinabſteigen, ſo
dürfen wir ebenfalls behaupten: Daß man eine Vollkommenheit mehr in ſolchen Regierungsformen erreiche,
wo man, wie in England, auf ſchickliche Weiſe ſowohl von dem einzelnen als von dem zuſammengeſetz-
ten Weſen Gebrauch macht; ſowohl von dem Könige,
als von dem Parlement; ſowohl von dem Parlemente,

als von der Nation; wo man diese verschiedenen Triebräder in Harmonie bringt, und keines von allen Elementen vernachläßigt, aus denen die gesellschaftliche
Ordnung zusammengesetzt ist.

Du, also, glückliches Land, hochglänzend in den
Zeitbüchern der Geschichte! Land, dessen weise und
gemäßigte Freyheit mitten unter den Finsternissen einer unwissenden Sklaverey schon so lange geblühet hat,
mißkenne nicht das Gut, das dir zu Theil worden ist;
das Gut, das du nun einmal bewährt findest — und
hüte dich ja wohl, daß dich nicht jene politischen Chimären verblenden, welche von Lernjüngern der Gesetz-
gebungskunst in die Welt geworfen wurden. Für dich
wäre ein grosser Fehltritt weit mehr, als für andere,
eine Quelle von Unheil — von einem Unheil ohne Ende und ohne Entschädigung. Dein Boden, dein Clima, deine Wohlfahrt, ganz ein Werk von Menschen-
händen — und noch eine Menge anderer Ursachen, nö-
thigten die Engländer zu ganz besonderer Behutsamkeit. Frankreich bey seinem schönen Himmel, bey seinem milden Clima, bey seinen mannigfaltigen Erzeug-
nissen; Frankreich, bey seinem lieblichen Weinen,
anstatt deines Gerstenbieres; bey seinem Gehölze, anstatt deiner Steinkohlen; bey seinem reichen und von
selbst in freyer Luft gedeihenden Früchten, anstatt deiner mühesam unter Zwingbeeten erkünstelten Produkte;
Frankreich mit seinen fünf und zwanzig Millionen
Menschen, deren Charakter zugleich rasch und aus-
dauernd ist; Frankreich, vielleicht mit einem beweglü-
chen und geschmeidigen Nationalcharakter; mit einem
Charakter, welcher plötzlich und beynahe mit Einem
flüchtigen Schritte von dem Despotismus zur Freyheit,
von der Freyheit zum Despotismus übergeht; Frankreich endlich, das mit Wörtern in Aufruhr gejagt,

und wieder mit neuen Phrasen abgekühlt wird, und das in einer Zeit von sechs Monaten jede Tugend und jedes Verbrechen zur Tagesordnung gemacht hat — Frankreich vermag wohl auch bey einer Revolution weit mehr auf's Spiel zu setzen; und es giebt Versuche und Proben, die es aufrecht aushalten kann, und unter denen vielleicht England von Grund aus würde umgekehrt werden.

Keinesweges, o Britten! werdet Ihr demnach Frankreich beneiden. Wenn Ihr klug seyd, so beneidet Ihr es nicht wegen jener Aussichten und Hoffnungen auf Freyheit, die für einmal noch nichts verbürgt, als der Name einer Republik; treu beharrt Ihr in den ehrfurchtsvollen Gesinnungen, die Ihr schon so lange Zeit für eure Verfassung zu Tage geleget habt; für eine Verfassung, deren verschiedene Vortheile Euch die Erfahrung, diese grosse Gewährleisterin bezeugt; sie, die allein eines völligen Zutrauens würdig ist. Denn nicht genug kennt man eine gesellschaftliche Ordnung, so lange sie noch nicht mit einer unendlichen Menge von Hindernissen zu kämpfen gehabt hat, von denen die Theorie nichts besagen kann.

Und wenn ich mich auf den Text der neufränkischen Verfassung selbst beschränke, und ihre Ausführung buchstäblich annehme, so frag' ich die Britten auch alsdann: Ob sie wohl zur Handhabung ihrer Freyheit, ob sie wohl zur Beschützung ihres Eigenthumes die Hauptanordnungen dieser Verfassung, von denen ich bereits Rechnung gegeben habe, gern haben und annehmen wollten? Ein Petitionsrecht mit solchen Beschränkungen, die es wieder zernichten? Eine Preßfreyheit, die man verspricht, und zurückhält? Ein Recht der Stellvertretung, durch Fesseln gehindert, die es unsicher machen? Eine Erneuerung der Richter, welche die Magistraten immer zwischen Furcht und Hoffnung hin und her wiegt? Eine solche Beschränkung der Civil- und Criminaltribunale, vermöge welcher diese, für sich selbst, oder bloß auf die Klage eines Partikulars hin, über Gegenstände der Verwaltung, und folglich über Mißbräuche der Gewalt keinen Bericht einziehen dürfen? Endlich jene zweyte gesetzgebende Kammer, zu einer ganz leidsamen Haltung, zu einer ganz einsylbigen Sprache gezwungen, die beym Anblicke von noch so tyrannischen Uebergriffen niemals im Namen der Freyheiten des Volkes und der Nation ihre Stimme erheben darf? Weiter frag' ich die Britten: Ob ihnen mit der Abschaffung des Rechtes zur Erbarmung oder mit der Hintansetzung aller religiosen Ideen gedient wäre? Ich frage sie, ob ihnen wohl im Staate mit einem Ansehn gedient wäre, welches die Gewalt hätte, sie alle samt und sonders nach allen vier Enden der Welt in den Krieg zu schicken; ohne Unterschied Landbewohner und Stadtbewohner, Kraftlose und Kraftvolle, unwissende Tölpel und talentreiche Männer, Begüterte und Dürftige, Eigenthümer und Besoldete? Ob ihnen eine Autorität willkommen seyn würde, mit der Vollmacht versehen, auf einmal den größten oder doch den kostbarsten Theil der männlichen Bevölkerung unter das Militair-Joch zu treiben? Auch noch mit der Vollmacht, einen solchen Plan mit Gewalt durchzusetzen, und an schmählichen Banden diejenigen Staatsbürger wegzuschleppen, welche den Versuch wagen wollten, sich einer so despotischen Benutzung ihres Daseyns und ihrer Person zu entziehen? Ob ihnen überdies eine Authorität angenehm wäre, welche nach eigensinniger Wahl oder nach willkürlichen Maaßregeln über Gut und Habe jedes Partikularen gebieten könnte? Ob dies ihnen angenehm wäre — ihnen, die nicht glauben, daß sie der Vereinigung der drey gesetzgebenden Willensmeynungen das Vermögen abgetretten haben, ein Individuum zu zwingen, einen Quadratschuh von seinem Garten oder seinem Grundstücke

gegen baares Geld zu vertauschen? Ich frage sie, ob
ihnen eine Authorität angenehm wäre, welche allen Einwohnern von Großbrittanien das Wegreisen aus ihrer
Insel untersagen könnte? Ob angenehm eine Authorität, welche die Bürger nach ganzen Ständen und Klassen zu verbannen, oder vogelfrey zu erklären das Recht
hätte, und welche dergestalt auf die grausamste Weise
Schuldlose und Schuldige unter einander mengen würde? Ob sie es auch selbst dem Könige nachzusehen geneigt wären, wenn er willkürlich und ohne juridische
Form einen Engländer aus Norfolk oder aus Corn-
wallis von London wegjagen und in seinen Flecken verbannen wollte? Besonders auch frag' ich sie, ob es ihnen an einem sehr ärmlichen und bloß mittelbaren An-
theile bey der Erwählung der obersten Machthaber genug wäre, um sich ihrer noch so sehr übertriebenen Gewalt ohne Klage zu unterwerfen? Endlich frag' ich die
Britten, ob sie, ohngeachtet der Unterschiebung von so
manchem Namen, z. B. der Wahlmänner anstatt des
Volkes, des gesetzgebenden Körpers anstatt der Wahlmänner, des Direktoriums anstatt jenes Körpers — ob
sie, sag' ich, immer, auch noch bey der letzten Verwechs-
selung, eine solche Fortsetzung ihres eigenen Selbsts,
eine solche Erhaltung ihrer Identität bemerken würden,
daß sie beständig in dem Gebieter, dessen Befehlen sie
gehorchen, sich selbst erblicken, und folglich seine Befehle für ihre eigene Willensmeynung ansehen könnten?
O, daß sie sich ja hüten, ohne reifere Ueberlegung, sich
zu allen Folgerungssätzen einer solchen Metaphysik zu be-
kennen! Daß sie sich ja hüten, die Wirklichkeit leeren
Bildern aufzuopfern; Sachen den Worten, und die
Früchte der Erfahrung den Vorspiegelungen bloßer Theo-
rien. Bis auf den heutigen Tag ist's, wenn wir die mili-
tairischen Triumphe ausnehmen, nichts weiters als der

Namen von Republikanern, der den ganzen Gewinn der Franken ausmacht ; und auch dieser Name war für ein mal noch für sie nichts anders, als Aufforderung zum Entbehren. Auf alle Art und Weise sagte man ihnen: Der ächte Republikaner unterziehe sich Allem, er ertrage Alles, und opfere Alles auf; und wenn man nicht hinzufügte, selbst die Freyheit opfere er auf, so unterließ man's, weil eben hierinn das innerste Geheimniß dieser Freymäurerey liegt. Auch von Recht und Gerechtigkeit gab man ihnen nicht weniger seltsame Begriffe; und während daß ihre neuen Herren mit Leichtigkeit das individuelle Wesen dem kollektiven, das lebendige Wesen dem abstrakten aufopferten,; während daß sie die Partikularen im Namen der gesamten Gemeinheit plünderten, die Bürger im Namen des Vaterlandes, die Franken im Namen von Frankreich; während daß sie auf solche Weise, schnurstraks der mosaischen Vorschrift entgegen, das Ziklein in der Milch seiner Mutter kochten, schonte man anderwärts mit Achtung des Eigenthums. Man schonte es unter dem vorgeblichen Joche einer gemäßigten Monarchie, und unter der Herrschaft einiger alten Vorurtheile; man ließ dem arbeitsamen Menschen die Frucht seiner Arbeit; man ließ den Kindern das Erbgut der Väter, und man betrachtete den Staat und seine Stärke, das Vaterland und seinen Schutz, als unerschütterliche Brustwehren für die persönlichen sowohl als für die gegenseitigen Rechte.

Philosophische

Betrachtungen

über die

Gleichheit.

Vorbericht.

Gegen Ende des Jahrs 1793. nahe an dem Zeitpunkt, wo Alles für mich in Verwirrung gerieth,
beschäftigte ich mich, für eine neue Ausgabe meines Werkes über die vollziehende Gewalt in
grossen Staaten einige Bemerkungen über die
Gleichheit zusammenzuschreiben. Sie hatten un-
mittelbaren Bezug auf die Sitten und auf die
Meynungen, deren Einfluß seit dem Falle Robespierre's und der Jakobiner schwächer geworden; nichts desto weniger glaub' ich nicht übel zu
thun, wenn ich diese Bemerkungen hier einrücke.
In einer allgemeinen und philosophischen Form führen sie auf eine Frage, die man vielleicht nicht
ungern von verschiedenen Seiten betrachtet; und
wenn ich sie wieder lese, so scheint's mir, daß sie
auch gegenwärtig noch nicht von allem Interesse
entblößt seyen. Fremde wenigstens sind sie nicht,
weder in Rücksicht auf die französische Staatsumwälzung, noch in Rücksicht auf die Hauptprinzipien der gesellschaftlichen Ordnung.

———

Virgil sagt, Aeolus habe, zur Befriedigung des Stolzes und der Rache einer beleidigten Göttin, mit seinem eisernen Zepter auf das unterirrdische Gewölbe geschlagen, in welchem alle Winde verschlossen waren. Sobald sie den Kerker geöffnet sahen, drangen sie mit größter Wuth hervor; erschütterten und warfen alles um, was ihnen aufstieß: Tempel, Palläste, die ältesten Kunstwerke der Menschen. Die Meersfluthen erheben sich über die Ufer; der ausgetretene Ozean verbreitet sich über den Erdkrais, und Neptun bricht in jenes Wort: Quos ego — — aus, welches hernach in der Fabelgeschichte so berühmt ward.

Diese poetischen Bilder stellen in einer Allegorie die heutige Zeit dar.

Unsere Wind-Könige, die Metaphysiker unter den Philosophen, nährten den Groll und den Neid, indem sie aller Orten jene theoretischen Ideen und spekulativen Meynungen ausbreiteten, die bis auf unsre Tage entweder in den dunkeln Hölen der Schule verschlossen geblieben, oder sogleich in dem Augenblicke ihrer Bewegung wieder unter das Joch der Weisheit und der Vernunft waren zurückgedrängt worden. Auf einmal aber, ohne Maaß und Ziel, mitten in die politischen Gesellschaften hineingeworfen, verursachten sie in der moralischen Welt weit mehr Verwüstung, als auf dem Erdboden jene wüthenden Sturmwinde, welche Aeolus losgefesselt hatte. Unter diesen idealischen Abstraktionen sanken die Grundpfeiler der öffentlichen Ordnung, zerrissen die Bande der Sittenlehre, und giengen jene klug ausgedachten Abstuffungen verloren, welche bisher zur Anordnung des Systems der Regierungen bestimmt waren. Unter solchen Abstraktionen nen indessen gerieth Alles in Widerspruch und Verwirrung; und hieraus erhob sich der durchgängige Tumult, wovon wir die Zeugen geworden sind.

Ach! Und nun mitten unter dieser gichterschen Bewegung, mitten unter dem Chaos aller politischen Elemente, wer erhebt sich wieder mit dem Worte Neptuns? Wer spricht das: Quos ego — — aus, um das Gewitter zu beschwören, und die Wogen zu stillen? Wird's die Vernunft thun? Oder das Unglück? Oder das Erbarmen, oder die Rache des Himmels?

Unter den verschiedenen metaphysischen Prinzipien, welche in unsern Tagen die Welt erschüttern, ist, in Absicht so wohl auf den Umfang seines Einflusses als der Verschiedenheit seiner Beziehungen, ohne Zweifel keines so merkwürdig, keines so wichtig, als das Prinzip der Gleichheit, so wie es von Frankreichs neuen Gesetzgebern verstanden und ausgeleget wird. Weit aus dem grössern Theile der Menschen muß ein solches Prinzip gefallen; denn nicht der grosse Menschenhaufen ist es, der über die Stufenleiter der gesellschaftlichen Ordnung richtig urtheilen kann; nicht Er, der sie von den Abstufungen der Glückseligkeit zu unterscheiden im Stande ist, um die allein wir uns doch mit Vernunft bekümmern, und welche allein unser Bestreben verdienen. Wofern also noch selbst philosophische Schriftsteller und Redner, .wofern selbst die Gesetzgeber eines Landes den grossen Haufen in Irrthum führen; wofern sie bey ihm die Regungen der Mißgunst nähren, und sich ihrer zu seiner Leitung bedienen, so ergreift nothwendig dieser Haufen mit Enthusiasmus alle Ideen von gemeinsamem Rechte, von Gleichheit, von durchgängiger Aus-

ebnung; und so neu sind in der Welt diese sonderba=
ren Begriffe, das bis auf itzt noch über ihr Blend=
werk und über ihre Gefahr keine Erfahrung genugsa=
mes Licht hat verbreiten können.

Einer aufgeklärten Menschenklasse — demjenigen
Theile der Nation, der mit geübter Beurtheilungs=
und Denkkraft das Wahre prüfen kann — solchen Per=
sonen kam es zu, alle Folgerungen eines solchen Sy=
stems vorherzusehen; allein, hingerissen durch den Zau=
ber der Neuheit, oder von ihren eigenen Abstraktionen
verblendet, traten sie hochprahlend in den labyrinthi=
schen Zauberkreis ihrer Metaphysik hinein; und wenn
sie von Zeit zu Zeit wieder aus demselben heraustre=
ten — wenn sie die Menge, die ihnen folgte, auf
offenere oder bekanntere Pfade zurückführen wollten,
so sahen sie, daß es nunmehr zu späthe sey. Sie hat=
ten unter dem Einflusse ihrer eigenen Lehre alles An=
sehn verloren; denn indem sie die Gleichheit der Men=
schen öffentlich anpriesen, das Volk zur Ausübung
seiner Kräfte aufforderten, und ihm das Geheimniß
derselben verriethen — indem sie ihm überdies aus
Schmeicheley eine solche Aufklärung zuschrieben, wel=
che gleichwohl immer nur die Frucht der Erziehung
war und seyn wird, flößten sie ihm eine entscheidende
Zuversicht ein, und machten es kühn. Auf solche
Weise wurden die Prinzipien, mit denen seine Lehrer
ans Licht traten, die Richtschnur des Volkes bey sei=
nen Anmaassungen, und der Anfang seiner Allgewalt.

Laßt uns nun alle diese Gleichheit betrachten, mit
der man die Menschen überall beschäftigt und deren
Chimäre doch blos dazu dient, sie zu täuschen und
ungerecht zu machen.

Unvereinbar mit der öffentlichen Ordnung, streitet
sie eben so wesentlich gegen die Freyheit; mit der

Sitten=

Sittenlehre steht sie eben so im Widerspruch, und selbst mit der persönlichen Wohlfahrt verträgt sie sich nicht. Dies sind die Wahrheiten, welche ich nun weiter aus einander zu setzen gesinnet bin.

§. 1.

Von der Gleichheit in ihren Verhältnissen mit der öffentlichen Ordnung und mit der Freyheit.

Die grosse Quelle der philosophischen Verirrungen, welche Frankreich, nach dem Beyspiele der Verblendung seiner Gesetzgeber, so tief in Verwirrung gestürzt haben, findet man in dem Mangel an gehöriger Aufmerksamkeit auf das in grossen Staaten so nothwendige Prinzip der Unterordnung; in dem Mangel an gehöriger Schätzung derjenigen Bedingungen, ohne welche keine Herrschaft der Gesetze, und keine Handhabung der gesellschaftlichen Disziplin statt hat. Man hat nämlich geglaubt, die Unterwerfung eines grossen Volkes unter die Vorschriften einer kleinen Anzahl von Menschen sey eine ganz leichte Sache; eine Einrichtung, die sich beynahe von selbst verstehe, und das ganz nothwendige Resultat von den Bestrafungen jeder Verletzung der öffentlichen Ordnung. Unbekannt konnte es nicht seyn, daß in allen Ländern der Welt Rang, Abstufungen und Bande der Achtsamkeit und Verehrung stattgefunden haben, welche in der politischen Gesellschaft die Unterordnung unterhielten; aber bey der Erinnerung, daß sehr oft die meisten dieser Unterscheidungen von den Einen zum Stolze und Uebermuth mißbraucht worden seyn, und daß sie bey den Andern entweder Erniedrigung oder Mißgunst veranlasset haben — bey dieser Erinnerung faßte man nur die Beziehungen des einzelnen Menschen gegen den

IV.   F

einzelnen Menschen ins Auge, und verlor hingegen den politischen wohlthätigen Einfluß von der Verschieden, heit des Standes, des Ranges, und der Glücksgüter aus dem Gesichte.

Auf solche Art nur von einer besondern Ansicht hingerissen, nur mit einem ausschließenden Eindrucke beschäftigt, betrachteten Frankreichs neue Weisen alle Ungleichheiten bloß als die Frucht eines Systems der Ungerechtigkeit und der Bedrückung, welches die Vor, urtheile des persönlichen Interesse ausgedacht hatten, und fortpflanzten. Hernach nannten sie alles Tyran, nen, was nun einmal ihre Eigenliebe verletzte; und die auf immer schreckliche Herrschaft ihrer Meynungen und ihrer Vorurtheile wollten sie für eine Befreyung angesehn wissen. Weit besser, als andere, glaubten sie sich durch Nachdenken und durch wissenschaftliche Methode aufgeklärt; aber deswegen betrugen sie sich nichts desto weniger als Häupter einer Horde von Bar, baren, indem sie alle Triebräder der moralischen Schöpfung zerstörten, und die Einförmigkeit nur durch allgemeine Erniedrigung hervorbrachten. Indem sie endlich ihren Blick von der wunderbarsten aller Er, scheinungen, von der bürgerlichen und politischen Ver, einigung von fünf und zwanzig Millionen Menschen abkehrten, beredeten sie sich, daß auch in einem uner, messenen Lande die öffentliche Ordnung ohne irgend eine von jenen Abstufungen könnte erhalten werden, welche gleichwohl zu jenen Gefühlen der Verehrung und des Gehorsams geneigt machen; ohne irgend ei, ne von jenen Absönderungen, welche bestimmt sind, die öffentliche Gewalt gegen erniedrigende Zutraulich, keit sicherzustellen. Sie würden daher geglaubt ha, ben, die Gewalt der Ueberlegung, oder vielmehr jene Beweiskraft, auf die sie ihr ganzes Zutrauen setzten, zu tief herabzuwürdigen, wenn sie sich so weit erniedrigt hätten, um für die Beyhülfe der Einbildungskraft Schonung zu tragen, und sich daher solcher Mittel zu bedienen, von denen man sonst zu jeder Zeit gegen die menschliche Schwachheit Gebrauch machte. Indem sie auf solche Weise die Erinnerungen der Geschichte hintansetzten, wollten sie der gesellschaftlichen Ordnung bis zu ihrem Anbeginn nachgehen, und sie durchaus und ganz nach einem Ideal und nach einem theoretischen Plan ordnen, den man vorher niemals auf irgend eine Probe gesetzt hatte.

Zu philosophischen Untersuchungen indeß gehörte gleichwohl auch noch die Beobachtung alles dessen, was in der Gründung der öffentlichen Ordnung geheimnißreich und sonderbar ist. Hiezu gehörten wohl vornämlich die Ueberzeugung und Einsicht, daß bey einem grossen Volke die Angewöhnung an Achtsamkeit und Unterordnung nimmermehr schlechtweg die Wirkung des Nachdenkens seyn kann. Selten haben die Sterblichen Fassungskraft genug, um dem Gesetze mit aufgeklärtem Geiste zu huldigen; so gar eines langen Umweges bedarf es, wenn man die Uebereinstimmung zwischen dem persönlichen Interesse und dem öffentlichen einsehen soll. Eine so verwickelte Ansicht wird durch keine Erziehung, wenigstens nie überall und durchgängig erleichtert. Nicht ohne die größte Ungereimtheit erwartet man dieses zumal von jener zahlreichen Menschenklasse, die wegen ihrer Glücksumstände genöthigt ist, sich schon bey der ersten Entfaltung ihrer Kräfte der Handarbeit zu wiedmen. Keinesweges also bloß durch Meynungen, sondern durch Gefühle muß man den grossen Menschenhaufen an diejenigen Wahrheiten fesseln, wodurch die gesellschaftliche Ordnung unterstützt wird. Nur während einzelner Ruhe-

punkte hören wir die Erinnerungen des Verstandes an.
Wir müssen sie herbeyrufen; wir müssen sie verlangen,
und uns zuerst selbst in ruhiger Lage befinden, wenn
wir ihnen aufmerksam das Ohr leihen sollen. In uns
selbst hingegen liegen die Eingebungen des Gefühles;
zu jeder Stunde befinden sie sich bey uns, und in
dem Laufe des täglichen Lebens sind nur sie es, welche uns regieren.

Der Begrif der Freyheit, die einfachste und hin-
reissendste von allen Ideen, scheint daher keines Beystandes zu bedürfen, um über den Geist der Menge
als Königin zu herrschen; und nichts desto weniger
hat man geglaubt, daß man ihre Anhänger durch
äussere Sinnbilder reizen müsse, welche die Aufmerksamkeit des Volkes fesseln, und seinem Unbestande
zuvorkommen. Alles dachte man aus, um diesen
Zweck zu erreichen; alles mußte zu den Sinnen sprechen: Der Altar, der Baum, die Müze, die Fahne
der Freyheit, die Denksprüche, die Embleme. Allein
weit mehr Sorgfalt und weit mehrerer anschaulicher
Zeichen bedarf es, wenn man in einem grossen Staate
die gewohnte Ehrfurcht sowohl gegen das Gesez als
gegen die Machthaber unterhalten will; denn die Ver-
pflichtung zum Gehorsam und zur Unterordnung ist
eine Art von abgezogenem Begriffe, dem man durch
alle Mittel, welche irgend die Einbildungskraft reizen
können, Stärke und Leben einflössen muß.

Unter diesen Mitteln aber ist keines, dessen Wirkung so gewiß, und gleichwohl so sanft ist, als das
gewohnte Schauspiel der verschiedenen Abstufungen,
welche im Laufe der Zeit in die politischen Gesellschaften eingeführt wurden. Ohne Zweifel liegt daher viel
daran, daß diese Abstufungen mit der einmal erwählten Regierung im Verhältnisse stehen. Wenn man aber

überall keine dergleichen zuläßt, oder sie nur auf eine
flüchtige, veränderliche und vorübergehende Weise ein=
führt; wenn man eben so wohl diejenigen Unterschei=
dungen verbannt, die von der Geburth abhängen,
als die Verschiedenheiten des Standes, der Glücks=
güter, der Erziehung, des Grundeigenthumes; wenn
man überdies die Würde der Stellen erniedrigt, an
welche die öffentliche Verwaltung gebunden ist, indem
man die Besitzer solcher Stellen jeder Censur und jeder
Neckerey preißgiebt; wenn man dem Gespötte eines
irre geführten Haufens so gar den ehrwürdigen Cha=
rakter der Religionsdiener bloßstellt, und auf solche Art
den heilsamen Einfluß der ersten Volkslehrer schwächt;
wenn man endlich die Bande zerreißt, welche die Kin=
der in der Ehrfurcht gegen ihre Väter erhalten — so
führt man ein System ein, ganz unvereinbar mit der
öffentlichen Ordnung, und man gründet und begün=
stigt, aus Haß gegen jene gesellschaftlichen Abstufun=
gen, die kläglichste Anarchie.

Man faßte die Idee einer völligen Gleichheit, und
dachte wohl nicht daran, daß es zur Vertilgung alles
Ansehns der Machthaber wahrlich nichts weiter be=
dürfe, als, anstatt jener äussern Formen, wodurch
man die Menschen in der angewöhnten Ehrfurcht er=
hält, eine gänzliche Traulichkeit in den Manieren herr=
schend zu machen. In unsrer selbstsüchtigen Natur ist
jene Ehrfurcht eben keine einheimische Pflanze. Blos
die Zeit ists, welche jede Art von gegenseitiger Acht=
samkeit der andern einimpft; und wenn sie einmal ei=
ne ungeschickte Hand von einander ablöst, so wachsen
sie schwerlich wieder zusammen.

Laßt uns indeß diesen Gegenstand noch von an=
dern Seiten betrachten:

Samt und sonders streben wir nach Veränderung

unsrer Lage, und samt und sonders lieben und suchen
wir alle neue Aussichten. So will es das unvertilg-
bare Resultat unsrer sittlichen Natur. In unsern Wünschen und in unserm unruhigen Bestreben beschränken
uns also nur die verschiedenen Zirkel in dem Schoofse
der politischen Gesellschaften, deren Glieder wir sind.
Indessen sind diese konventionellen Abtheilungen nicht
durch unzerstörbare Schranken von einander getrennt;
nur setzen sie den gefährlichen Bewegungen einer blinden Eifersucht einen heilsamen Damm entgegen; und
mitten unter unsern unermeffenen Anhäufungen müssen doch wohl einige Abtheilungen ledig bleiben, wofern sich die zahllosen Bewohner eines ungeheuer grossen Landes nicht in Verwirrung unter einander mengen — wofern sie nicht alle nach demselben Ziel lau-
fen, und auf ihrer Lebensbahn nicht um den gleichen
Preiß kämpfen sollen.

Sobald die Menschen sich zu denselben Anmaaffun-
gen befugt glauben, sobald sie gleicher Weise auf
die Ideen der Macht und des Ansehns hingelenkt werden, so streiten sie in die Wette um ihre Rolen; und
wenn einmal die ganze Staatsgesellschaft aus lauter
Nebenbuhlern zusammengesetzt ist, und wenn zwischen
den Herrschern und den Beherrschten weiter kein Abstand übrig bleibt, so findet auch weiter keine Subordination statt; und man opfert die gesellschaftliche Ordnung der Concurrenz jeder Art von Eitelkeit und aus-
schweifender Eifersucht auf.

So ist der Zustand von Frankreich beschaffen,
und so wird es das Schicksal jedes Landes von grossem Umfange seyn, so bald man darin eine völlige
Gleichheit zur Grundlage der politischen Vereinigung
macht.

Die Gesellschaft beruhet auf einer Berechnung un-

fers Geistes, und ist ein Werk unsrer Hände. In
ihr findet man nichts, was nicht Wir selbst in sie hin-
eingelegt haben; und in jener verborgenen Vorzeit,
wo sie zum erstenmal ausgedacht worden, zur Zeit
wo man ihr eine regelmäßige Gestalt gab, nahm man
sich keinesweges vor, sie auf allseitige Gleichheit zu
gründen; vielmehr wollte man, im Gegentheil, die
Ungleichheit der Glücksgüter vor jedem ungerechten
Eingriffe schützen; eine Ungleichheit welche aus der
mannigfaltigen Abstufung unsrer Kräfte und der Verschiedenheit der Talente herfloß, und nothwendig herfliessen mußte. Wir arbeiteten in dem Sinn und Geiste der höchsten Weisheit, als wir zur Gründung der
öffentlichen Ordnung uns damit beschäftigten, diese verschiedenen Ungleichheiten unsrer moralischen und unsrer physischen Natur in Harmonie zu erhalten, anstatt
blindlings darnach zu trachten, wie wir sie entweder
gleich machen oder ganz wegtilgen könnten.

Laßt uns das Universum betrachten, und wir werden sehen, daß es durchweg aus Mannigfaltigkeit und
Verschiedenheit zusammengesetzt ist. Die unsichtbare
Macht, welche es regiert, lenkt dieses schöne System
auf ein einziges Ziel, so wie sie's an einen einzigen
Gedanken geknüpft hat; und die Glückseligkeit beseel-
ter Wesen dient uns zur wahrscheinlichsten Erklärung
einer so bewundernswürdigen Organisation, und des
unbegreiflichsten von allen Geheimnissen. Einigermaaß-
sen also näherten wir uns dem Geiste der Schöpfung,
als wir die perfectible Intelligenz, welche uns zu
Theil geworden, dazu benutzten, die charakteristischen
Züge in der Anordnung des Weltbaues auch in die
Anordnung der politischen Gesellschaften hinüberzu-
tragen.

Unter dieser Ansicht, welche uns erhebt, und uns zum höchsten Ruhm gereicht, sey es uns für einen Augenblick vergönnt, unsere Aufmerksamkeit auf die Schwierigkeiten zu richten, die sich einer regelmäßigen Vereinigung der Menschen in einen Nationalkörper müssen entgegengesetzt haben, und auf die noch größern Schwierigkeiten, die wir zu besiegen hatten, um eine solche Vereinigung zu behaupten und zu erhalten; um den tumultuarischen Stoß so vieler Leidenschaften, um die unbeständige Bewegung, um die unaufhörlich nach allen Seiten strebende Kraft einer zahlosen Menge von Interessen und Wünschen unter die Herrschaft von einem einzigen Gesetze zu bringen.

So wie die Harmonie unter den großen Naturkräften im Weltall, so stellt auch in den politischen Gesellschaften die öffentliche Ordnung unsern Blicken ein Resultat dar, durch dessen Einfachheit sehr oft unsere Bewunderung geschwächt wird; und der gewohnte Anblick desselben Schauspieles macht uns vollends gefühllos sowohl gegen die Wunder der physischen, als gegen die Erscheinungen der moralischen Welt. Wenn wir indeß die verschiedenen durch die gesellschaftliche Ordnung verbundenen Elemente in Gedanken auflösen, oder wenn wir beym nahen Umsturze dieser Ordnung anfangen, die unendliche Menge der Bestandtheile zu zählen, aus denen sie zusammengesetzt ist, erst alsdann gerathen wir in Erstaunen, daß man so viele streitenden Prinzipien, so viele sich durchkreutzende Ansprüche, so viele entgegengesetzte Anmaaßungen vereinigen und in ein regelmäßiges System ordnen konnte. Auch ist es nicht etwan bloß die Wissenschaft der Gesetzgebrt allein, die dieses Werk ausgeführt hat; nichts hätte sie für sich allein ausrichten können, ohne den Beystand der Zeit, und ohne alle jene Lichtstralen, welche

die Erfahruug über die Pfade des Genies und über
die Arbeiten des forschenden Geistes verbreitet.

Wollen wir diese Wahrheit noch deutlicher einsehen;
wollen wir uns einen Begriff machen von allen den
Ursachen zur Entzweyung, von allen den Reitzungen
zur Zwentracht, die sich der Einführung der gesellschaftlichen Ordnung entgegensetzen — Wohlan, so werfen
wir einen Blick auf die ungeheure Bühne der Welt!
Was erblicken wir da? Denkende Wesen, aber jedes
mit seinem individuellen Interesse beschäftigt; Wesen,
überall von Selbstliebe gelenkt und beherrscht; Wesen,
die, vermittelst ihres Voraussehungvermögens, mit ihrer
ungezähmten Persönlichkeit nicht weniger an der Zukunft
als an der Gegenwart hängen, und dieses ihr Selbstgefühl durch den ganzen Raum erstrecken, welchen die
Einbildungskraft ihnen vorzeichnet; Wesen überdies,
welche von den Unruhen der Eifersucht und von den
Qualen des Neides, von allen gesellschaftlichen Begriffen und Tugenden stets abgelenkt werden; Wesen, die
nicht etwan nur feurige, gewaltsame, und von einem
gebieterschen Instinkte aufgereitzte Leidenschaften zu regieren haben, sondern die noch überdies in dem mannigfaltigen Detail eines so verwickelten Lebens die Freyheit leiten müssen, welche ihnen, gut oder schlecht zu
handeln, vergönnet ist — jenes gefährliches Vermögen,
jeden Augenblick entweder sich selbst oder andern Schaden und Nachtheil zu gebähren; Wesen, die einander
dem ersten Anscheine nach so ähnlich sind, deren moralische Eigenschaften aber sich so sehr verschieden entfalten, so ungleicher Vervollkommnung fähig sind, und,
von dieser Seite betrachtet, eine fortgehende Stufenreihe von Verstand, Geist und Talent bilden, deren
zahllose Sprossen von den ersten Merkmalen einer gesellschaftlichen Sittlichkeit, von den Finsternissen der

tiefsten Unwissenheit bis zu den erhabensten Schwün=
gen der Denkkraft, vielleicht selbst bis zu einem von
den Stralen des göttlichen Lichtes selber emporsteigen;
Wesen, durchaus verschieden sowohl in Absicht auf ihre
Erziehung, als in Absicht auf ihren Charakter und die
Sinnesart, welche jedem Menschenalter noch besonders
eigen ist; Wesen endlich, über einen Erbkrais verbrei=
tet, dessen nährende Zeugungskraft so beschränkt ist,
während daß sie selbst und ihr Geschlecht sich nach den
Gesetzen der Natur stets vermehren, und folglich gera=
de durch diese ihre Vermehrung genöthigt werden, gegen
einander um ihre Erhaltungsmittel zu streiten, und sich,
um dieselben zu erwerben, wechselweise zu bekriegen.

Mitten unter einem solchen Wettkampfe indeß, mit=
ten unter dem Chaos so vieler Anmaaßungen, so vieler
sich durchkreutzenden Angelegenheiten, so vieler ent=
gegengesetzten Willensmeynungen, sah' man nichts desto
minder eine bewundernswürdige Harmonie entstehen;
Millionen, und Millionen Menschen, ohngeachtet sie
ihre Bedürfnisse und Leidenschaften überall zu Feinden
und Gegnern machten, vereinigten sich friedlich in ei=
nem kleinen Umfange; ohne Verwirrung mengten sie
sich unter einander; ohne Furcht näherten sie sich, und
mitten auf einer beweglichen und unaufhörlich erschüt=
terten Bühne blieb jeder in seiner Stellung.

Auch zweifl' ich keinesweges, wenn man ein ver=
ständiges Wesen, das aber, durchaus von allem Men=
schenverkehre entfernt, von dem Gewebe politischer Ge=
sellschaften noch überall keinen Begriff hätte — wenn
man, sag' ich, ein solches zum erstenmal über jeden
Umstand einer so sonderbaren Organisation belehren
würde; wenn man ihm sagte, auf welche Art und
Weise man eine so unendliche Menge von Hindernis=
sen und Schwierigkeiten gehoben, und wie man so vie=

le Bestandtheile der Verwirrung und Zwentracht in Ein harmonisches System gebracht habe, so würde es den Erfolg einer solchen Unternehmung als das bewundernswürdigste Resultat des menschlichen Geistes betrachten. Und wenn es wieder in seine Einsamkeit zurückgekehrt wäre, um in der Stille den Verhältnissen zwischen der Arbeit der Menschen und dem Gange der Natur nachzudenken, und man ihm nun auf einmal anzeigen würde, daß einige wenige Fanatiker, unter sklavischem Benstande ihrer blinden Jünger, bennahe in einem einzigen Augenblicke das Werk der Zeit und des Genies — daß diese, sag' ich, jene gesellschaftliche Ordnung zerstöhrt hätten, die schon bloß in der Idee den Menschengeist in Erstaunen setzt; und daß sie diesen Anschlag bloß aus theoretischem Hasse gegen die Mannigfaltigkeit der Formen und gegen die ungleiche Höhe der Stützen und Säulen eines so kunstreichen Gebäudes gefaßt und ausgeführt hätten, so würde unser verständiges Wesen nach dem Namen dieser Barbaren fragen; es würde fragen, in welchen Wildnissen sie das Tageslicht erblickt haben, aus welchen finstern Waldungen sie hervorgetretten senn, und wie denn wohl ihre Sitten, ihre Gebräuche, ihre Sprache, ihr Aufzug beschaffen senn müsse?

Allein, sagt man vielleicht: Diese Bilder, diese Gleichnisse, diese Apologen leiden keine reelle Anwendung auf die gegenwärtige Zeit. Freylich erblicken wir auf demselben Gemählde sowohl die Anarchie, die in Frankreich herrscht, als die Grundsätze der Gleichheit, die man dort bekennt; keinesweges aber kann man die Desorganisation der Regierung diesen Grundsätzen benmessen; denn ohngeachtet der Abschaffung aller Rangordnungen, ohngeachtet der Gleichmachung aller Stände, behielt man nichts desto weniger immer noch Ma-

giftraturen bey; und diese Magiftraturen find mit einer
Gewalt bekleidet, die ganz eigentlich zur Handhabung
der öffentlichen Ordnung beftimmt ift.

Diese Schlußfolge, die Jeder machen, und Jeder
verftehen kann, blendet anfänglich felbft durch ihre
Einfalt; aber fie verliert alle Kraft, wenn es wahr ift,
daß mitten unter einem Syfteme völliger Gleichheit
keine Gewalt ohne Gewaltthat lange Zeit beftehen kann.
Laßt uns diesen Satz näher entwickeln! Es giebt keinen, deffen Folgen wichtiger und ausgebreiteter wären.

Auf verschiedene Weise laffen die Menschen fich bereden: Die Gewalt erhebe fich sogleich mit dem Befehle
des Gesetzes, weil fie in einer Volksverfammlung
allenfalls das Vermögen besitzen, diese Gewalt entweder einem Monarchen aufzutragen, oder einer kleinen
Anzahl erwählter Perfonen, oder auch einer zahlreichern
Klaffe von Bürgern. Nur durch die Aehnlichkeit diefer beyden Ideen geschiehet es, daß fie so sehr fich
täuschen laffen; allein höchft klar und beftimmt fällt einem aufmerkfamen Beobachter ihr Unterschied auf.

Die Abtrettung einer Gewalt, so wie hinwieder ihre
feyerliche Ertheilung, ift ihrer Natur nach eine positive
Thathandlung, eine klar und beftimmt ausgedrückte
Kundmachung; die Bildung dieser Gewalt hingegen ift
ein meralisches Geschäft, deffen Erfolg von einer unendlichen Menge vorbereitender Ideen abhängt. Die
Völker oder ihre Stellvertreter ertheilen also eine Gewalt, wem fie wollen; aber null und nichtig wird
diese Ertheilung, wenn so etwas, wie Gewalt ift,
fich nicht mit den politischen Elementen verträgt, aus
denen man das gesellschaftliche Syftem zusammengesetzt
hat; und wenn fie nicht beftehen und fich nicht behaupten kann — mitten unter den Meynungen, die man allen Gemüthern eingeprägt hat. Diese Meynungen, fie

mögen nun einen reellen Grund haben, oder auch bloß
aus irgend einem Vorurtheile herrühren, immer werden
sie unter uns als überwiegende Kraft herrschen. Ohne
einige Mittelmacht, ohne einige Stellvertretung der
Gewalt befehlen sie uns; sie setzen nicht, wie das Ge=
setz, den allgemeinen Willen voraus; ihre Herrschaft
ist unmittelbar; sie ist auffallend, und immer wird sie
anerkennt. Umsonst versucht es der Gesetzgeber, eine
Gewalt zu erhöhen und zu behaupten, die mit der Au=
thorität der Meynungen im Widerspruche steht.

Wenn man also den Menschen gesagt hat, daß sie
alle gleich wären; wenn man ihnen dieses Axiom un=
ter jeder Gestalt empfahl; wenn man sich jeder Kunst
und jeder Täuschung bediente, um den grossen Haufen
an Ideen zu fesseln, die in ihrer Entstehung so süß,
und bey ihrem ersten Ansicheine so bezaubernd sind;
wenn man so zu sagen in Gegenwart der versammel=
ten Menge die Leitersprossen und Erhöhungen jeder Art
zerstöhrt hat; kurz, wenn man den Blick der Menge
mit diesem neuen Schauspiele ganz eingenommen, sie
mit dem Geräusche von so manchem Hinsturze be=
lustigt, und ihre Sinnen auf jede Art und Weise be=
täubt hat, so muß man wahrhaftig die menschliche Na=
tur nicht im Geringsten kennen, wenn man noch an
den Einfluß irgend einer moralischen Authorität, jir=
gend einer Gewalt glauben kann, welche nicht von
Drohungen oder von Zwangmitteln unterstützt wird.
Und wirklich: Aufgehoben wurden alle Unterscheidun=
gen; alle Schranken der Einbildungskraft zurückgesetzt,
und alle Anmaassungen gespornt. Nun ist es nicht län=
ger Zeit, Jemand zurückzuhalten; jeder strebt nach
Einfluß auf die Regierung; jeder sucht seinen Antheil
bey der Lust an Befehlen; jeder will sich an die Stu=
fen der Gewalt und des Ansehns lagern. Hier will

man sich hören lassen; dort will man sich furchtbar machen; tumultuarisch drängt man sich auf den neu geöffneten Pfaden, wo die Einen der Fürwitz hinreißt, die Andern das Bestreben nach Beyfall; Alle aber eine dunkle Hoffnung belebt, daß ihre Lage wechseln, und ihre Glücksumstände sich ändern werden.

Man kann es sich nicht verbergen, vermittelst durchgängiger Gleichmachung gelangte man dazu, nur eine einzige Aussicht zu öffnen und darzustellen; und indem man alle Blicke auf denselben Gegenstand, und jedes Interesse auf die gleiche Idee hinzog, machte man aus allen Bewohnern Frankreichs eben so viel Mitwerber; und Europens volkreichste Nation scheint auf einem Amphitheater zu stehen — scheint in ein ungeheuer grosses politisches Lycäum verwandelt, wo über die verschiedenen Methoden im Gebieten gestritten wird, ohne gewahr zu werden, daß das ganze Volk in den Hörsaal hineindringt, und Niemand mehr voraussen steht, um gehorchen zu wollen. Wohl hat man buchstäblich und schriftlich die Anzahl der Gesetzgeber, die Anzahl der Magistraten, die Anzahl der Ortsobrigkeiten bestimmt; da man aber durch die Ideen der Gleichheit und durch die feyerliche Einführung der neuen Grundsätze alle Sterblichen einander so nahe gebracht, so zeichnet länger kein Gefühl der Achtsamkeit den Bezirk der verschiedenen Authoritäten aus, oder bewachet ihn; alle diese Authoritäten sind einer unendlichen Menge von Ihresgleichen unter Augen blosgestellt, die der Rehre nach gleichfalls regieren wollen, und welche zum voraus eine furchtbare Gewalt üben, sowohl in den Clubbs und in den affilirten Gesellschaften, als auf den öffentlichen Plätzen und in den Galerien, wo die Ersten die Beßten rund um die Gesetzgeber, um die Staatsverwalter und Richter, eine gedoppelte und drey-

fache Reihe von lärmenden Zuschauern, von leidenschaftlichen Tadlern und unbezwinglichen Aufwieglern
bilden.

Frankreichs Solone verliessen sich, um Jedermann in Schranken zu halten, auf den Zaum der Gesetze; dieser Zaum aber, der unter gewöhnlichen Umständen hinreichend ist, und hinreichend auch alsdann,
wenn nur wenige durch ihr besonderes Interesse irre
geleitete Menschen unbesonnener Weise das öffentliche
Interesse verletzen — dieser Zaum, sag' ich, ist nicht
mehr stark genug zur Abwendung solcher Unordnungen,
die aus den gesellschaftlichen Anmaassungen selbst und
aus politischen Leidenschaften entspringen: Alsdann ist
der Wettkampf zu groß, zu allgemein der Widerstand,
oder er wird zu oft erneuert, um dem Ansehn des Gesetzes zu weichen. Nur die Meynung allein kann Bewegungen dieser Art beherrschen und lenken; und wenn
man bey der Handhabung der öffentlichen Ordnung
ihren Beystand verschmäht, wenn man an ihrer statt
blos das Gefühl der Furcht und des Schreckens benutzt, und unaufhörlich nur Strenge und Rache ausüben will, so überläßt man sich der ungerechtesten und
ungereimtesten von allen Tyranneyen.

Nicht etwan bloß in einem weitläuftigen Lande,
wie Frankreich, stehen die Ideen völliger Gleichheit
und ihre ewige Auspofaunung, der Handhabung guter
Ordnung entgegen. Freylich bedarf es wenigerer Abstufungen unter den Gliedern einer Gesellschaft von be-
schränkterm Umfange; denn da solche Menschen dem
Gesetze näher stehen, so kennen sie auch weit besser
seine Beziehungen auf die Vernunft und auf das öffentliche Interesse, und gemeinschaftlich und unmittelbar
vereinigen sie sich zur Verfertigung des bürgerlichen und
politischen Codex. Indeß dürfte von allen diesen Um-

ständen, welche kleinen Freystaaten eigen sind, keiner ihre Regierung vor den Gefahren der Anarchie schützen, wofern plötzlich die gewohnte Ehrfurcht gegen die Staatshäupter würde weggetilgt werden. Von solcher Beschaffenheit ist die nothwendige Wirkung einer allzu traulichen Annäherung der verschiedenen Stände, eines überspannten Systemes völliger Gleichheit, einer bisher beyspiellosen Ebenmachung, welche bis auf Sprache und Manieren jede Art von Achtsamkeit und Deferenz verbannt; die den Menschen in den wilden Naturstand zurückführt, und für die gesellschaftliche Ordnung auch die reellsten Unterscheidungen unbrauchbar macht, ja selbst diejenigen, welche aus so mancher Verschiedenheit und so manchem Vorzuge der Erziehung herfliessen.

Eine ganz andere Absicht hatte ohne Zweifel die Natur, indem sie die Menschheit mit dem schönsten Vorrechte begabte — mit dem Vermögen, sich auszubilden und ihren Geist zu vervollkommnen; dabey aber zugleich die gänzliche Entfaltung nichts desto weniger dem Beystande des Unterrichtes anvertraute, und überhaupt dem Resultat eines langen Studiums und den anhaltenden Bemühungen einer beständigen Anstrengung: Denn nicht auf gleiche Weise konnten solche Bedingungen mitten in einer Welt erfüllt werden, wo die langsame Hervorbringung der Früchte der Erde und die emsige Sorge für die Pflegung derselben weit aus die mehrern Menschen verpflichtet, schon von ihrer Geburth an, schon bey der ersten Uebung der physischen Kräfte, ihr Leben körperlichen Arbeiten zu widmen.

Alles scheint also darauf zu deuten, daß nach den Gesetzen der Vertheilung, welche der höchste Regent der Natur festgesetzt hat, die öffentliche Gewalt eben
so

so wenig als der höhere Unterricht oder der Geist
der Weisheit allen und jeden Klassen in der Gesell=
schaft gleicher Weise zukommen könne. Man sträubt
sich, ich weiß es, die Vorzüge einzugestehen und an=
zuerkennen, welche unter uns eine bessere Erziehung
eingeführt hat. Man glaubt, daß man sie ohne Nach=
theil für das System der politischen Gleichheit nicht
zugeben könne; und, um hierüber Andere und sich
selbst zu verblenden, verschanzt man sich hinter Au=
thoritäten. Man beruft sich auf den beredten Schrift=
steller, der als Ankläger der Künste und Kenntnisse
auftrat; allein dieser berühmte Philosoph, eben Er,
den Frankreichs Gesetzgeber zu ihrem Schutzheiligen
gewählt haben — Er, welcher den Ruhm der Son=
derbarkeit zu einer Zeit suchte, wo er noch lange nicht
den hohen Glanz voraussah, den ihm sein Genie zu=
sicherte — Nein! dieser Philosoph konnte nimmer ver=
muthen, daß man seine Lehre auf bereits gebildete
Gesellschaften anwenden werde; er bedauerte die ver=
lorene Einfalt der ersten Zeiten, aber nirgends sagt
er uns, daß zur Regierung der Welt wilde Natur=
menschen geschickt wären. Ueberdieß ist es nicht bloß
die Erwerbung der Wissenschaft, worauf sich die Wohl=
thaten der Erziehung beschränken; ihr danken wir auch
noch die Entfaltung unsrer Vernunft, die Stärkung
unsrer Weisheit; vor allem aus danken wir ihr die
Veredlung der Sitten. Durch eine Vereinigung in
großen Gesellschaften haben die Menschen ihre Ange=
legenheiten so sehr vervielfältigt, und sind in so ver=
wickelte Verhältnisse gerathen, daß zu ihrer Leitung
der natürliche Instinkt nicht länger hinreicht. Inson=
derheit ist es nothwendig, daß die öffentlichen Tugen=
den durch Anstrengung und Nachdenken genährt wer=
den; und ich weiß nicht, ob es nicht selbst unsern

IV.   G

Gesinnungen und Empfindungen, wie z. B. der Güte, der Nachsicht, der Huld und Gnade, dem Mitleiden u. s. f. an Festigkeit gebricht, so lange man über die menschlichen Schwachheiten niemals nachgedacht, so lange man niemals die Angriffe beobachtet, denen ihre sittliche Verbindlichkeit bloßgestellt ist, und so lange man besonders niemals ihre Vertheidigungsmittel kennen und schätzen gelernt hat.

Auch die Verschiedenheit unserer Vorstellungsarten schützt uns nicht selten gegen die Uebermacht irgend eines einzelnen herrschenden Gedankens; und vielleicht könnte man hier noch mit vernünftigem Grunde die Wagschale der Gewälte, diese Bedingung, deren Wichtigkeit man so oft anführte, wenn von gesellschaftlichen Verfassungen die Rede war — auch sie noch könnte man auf die Organisation unsers Geistes anwenden. In der That wird jeder Mensch, der entweder von Natur, oder aus Mangel guter Erziehung, auf eine geringe Anzahl von Ideen beschränkt ist, sehr bald von diesen Ideen tyrannisch beherrscht, und alle Arten von Ausschweifungen sind ein nothwendiges Resultat ihrer tyrannischen Oligarchie. Heut zu Tage liefert Frankreich zu diesem philosophischen Satze den allerbündigsten Beweis. Dort warf man in den Kopf des Volkes ein oder zwey Regierungsprinzipien; und da sie darin, mitten in der übrigen gänzlichen Leerheit jeder Art politischer Ideen, durchaus isolirt liegen, so üben sie auch eine unbeschränkte Gewalt aus. Ihren Despotismus hindert, ihre Herrschaft mäßigt keine Zwischenidee, keine Nebenbetrachtung, keine zufällige Rücksicht, kein Gegengewicht; daher so manche Tollheit, so manche Schwärmerey, so viel blinde Wuth! Nein! mit der Unwissenheit wird sich die Mäßigung, diese Tugend des Geistes so wohl als des Herzens, nie

mals vereinigen; und wenn es je Ausnahmen giebt, so
sind sie doch selten.

Mit beßtem Rechte also setzt man die Erziehung,
diese Quelle aller unsrer Ideen und aller unsrer Kenntnisse, in den Rang der Hoheiten (Suprematien), für
welche eine Nation um ihres eigenen Vortheiles willen die größte Ehrfurcht tragen soll.

Vielleicht aber glaubt man, den Folgerungen dieser
Wahrheit zu begegnen, oder sie gar zu zernichten, indem man erinnert: Daß die Verschiedenheit der Erziehung ihren Ursprung in der Verschiedenheit des
Eigenthums habe; und daß folglich Alles ganz anders
aussehen würde, so bald man mit der Gleichheit der
Stände auch die Gleichheit der Glücksgüter vereinigen wollte. Und wirklich führt das politische System
der Philosophen von Frankreich auch noch auf diese
Art von Gleichmachung. Bey der Entwerfung eines
solchen Plans aber, bey der Verfolgung einer so tollen Unternehmung, verwickelt man sich abermal in einen Kampf mit der Natur der Dinge; und bey der
Anwendung dieser Theorie scheitert man an der zahllosen Menge von so manchem besondern Interesse, wie
dies der Fall bey allen Abstraktionen ist und seyn muß,
die mit den Gesetzen der gesellschaftlichen Bewegung
unmittelbar im Widerspruche stehn.

Ohne Zweifel ist es bey einer tyrannischen Gewalt
nicht schwer, nach Willkür über die größten Glücksgüter Meister zu werden; nach dem Rechte des Stärkern ist es nicht schwer, einzelnen Personen entweder
die Frucht ihrer langen Arbeiten oder das Erbgut ihrer Väter zu entreissen. Warum sollte die öffentliche
Authorität, wenn sie bewaffnet ist, wenn sie despotisch
herrscht, wenn sie sich von den Banden der Moral
losmacht, warum sollte eine solche Authorität nicht

im, Allgemeinen eben das ausführen können, was in
dem beschränktern Kreise ihrer Raubsucht schon eine
Horde von Straffenräubern ausführen kann? Noch
weit aber ist der Weg von solchen eilfertigen Anschlä=
gen und von einem so blutigen Faustschlage bis zu
durchgängiger Gleichmachung, wie sie seyn müßte,
um die Sterblichen auch in Rücksicht auf ihre Erzie=
hung einander ähnlich zu machen. Für den Augen=
blick kann die Gewalt grosse Glücksgüter umwerfen;
denn solche Güter gleichen hohen Eichen, deren Wip=
fel man von allen Seiten gewahr wird, und auf die
ein neidisches Beil immer einzuhauen bereit ist. Wel=
cher Mittel aber wird man sich bedienen, um auch
über mittelmäßige Glücksgüter Meister zu werden?
Sie liegen in Entfernung vom Reichthume; sie nä=
hern sich durch unmerkliche Schattirungen der Dürf=
tigkeit; und bey solcher Mischung, bey solcher Ver=
wandtschaft, würden sich zu ihrer Beschützung eine
zahllose Menge von Staatsbürgern vereinigen; indeß
bedarf es doch nur dieser letztern zur Einführung aller
jener Ungleichheiten, welche der verschiedene Grad der
Cultur hervorbringt. Unermeßlich ist in moralischer
Rücksicht der Abstand zwischen einem Menschen, der,
von Aeltern ohne Glücksgüter gebohren, seit der er=
sten Jugend von seiner Handarbeit gelebt hat, und
hinwieder einem andern, der das Weltlicht unter gün=
stigern Einflüssen erblickt, und einen Theil seines Ju=
gendalters unterm Studiren und Unterrichte zuge=
bracht hat. Ohngeachtet der schmeichlerischen Huldi=
gungen also, welche in unsern Tagen entweder Furcht
und Schrecken, oder Ehrgeiz und Herrschsucht, der
unwissenden Menschenklasse gezollt haben; ohngeachtet
der heuchlerischen Lobeserhebungen, welche man ihrer
politischen Fassungskraft ertheilt, bleibt ohne den Bey=

Stand der Erziehung der Mensch gleichwohl immer
nur das, was er zu allen Zeiten und in jedem Lande
war. Bestimmt wies' ihm die Natur auf der Leiter
der verständigen Wesen seinen Platz an;, und einige
Ausnahmen von der allgemeinen Regel berechtigen keineswegs zu feyerlicher Einführung des Satzes der
Gleichheit; eines Prinzips, das in seinen Folgen so
gefährlich ist, und das vermittelst der blinden Zuversicht, welche es den grossen Haufen einflößt, die gesellschaftliche Harmonie jedem Zufalle preißgiebt, und
das Werk des Genies dem Eigensinne der Unwissenheit unterwirft.

Laßt uns indeß annehmen, daß vermittelst einer
übernatürlichen Kraft irgend eine Authorität eine alt
gewordene Nation, ein Land von fünf und zwanzig
tausend Quadratmeilen, eine Bevölkerung von fünf
und zwanzig Millionen Menschen, auf eine gleiche Vertheilung der Güter zurückführen könne. Eine solche
Vertheilung würde für uns eben so, wie für unsere
Vorfahren in der Weltgeschichte, die Veranstaltung,
das Werk des Augenblicks seyn; und dieselben Umstände, unter welchen sich anfänglich ein Eigenthum
über das andre erhob, würden nach einer zwoten,
nach einer dritten Theilung die gleiche Wirkung hervorbringen.

Würde man wohl, um dieser gesellschaftlichen Bewegung neue Hindernisse entgegen zu setzen, gewaltsame Schritte stets vermehren wollen? So aber
müßte man die Menschen wegen der Ausübung ihrer
Fähigkeiten bestrafen; den Fortgang der Industrie
müßte man aufhalten; alle ihre Berechnungen müßte
man schwerer machen, ermüden, und davon abschre-
cken; und, indem man die Reichthümer der Natur
schon vor ihrer Geburt ersticken würde, müßte man

dergeſtalt den wohlthätigen und freygebigen Anſtalten
des huldreichſten Herrn und des beßten Freundes der
Menſchen überall mit Undank entgegen arbeiten. Wie
viele Opfer müßten demnach nicht jeder Art eiferſüchtiger
Eitelkeit gebracht werden, welche uns beunruhigt? —
Glücklicher Weiſe aber iſt es leichter, ſich hievon die
bloſſe Vorſtellung zu machen, als dieſelbe auszuführen,
und zwar auf die Dauer hin. Nach dem Beyſpiele
jenes Tyrannen von Rom, und wenn man ſich ſeiner
Scheere bemächtigt, kann man wohl die Häupter der
Mohnblumen, welche ſich zu weit über die andern erheben, wegſchneiden; aber, den Geſetzen der Natur
gemäß, werden ſich ihre Sprößlinge in Kurzem in
derſelben Höhe und in dem gleichen Schmucke von
neuem entfalten.

Vielleicht ſagt man — und wirklich ſagt man:
Es ſey eben nicht nöthig, die Gleichheit der Güter
einzuführen, um allen Menſchen eine gleiche Erziehung
zu geben; ſondern es reiche ſchon hin, wenn man
Freyſchulen gründe, in denſelben die Kinder aller
Bürger vereinige, und ſie während der Dauer ihres
erſten Unterrichts auf Unkoſten des Staates unterhält.
Wofern aber dieſer Unterricht in dem Alter von ſechs
oder ſieben Jahren geendigt ſeyn ſollte, ſo würden die
meiſten Kinder nur ſo viel Zeit haben, um ſchreiben
und leſen zu lernen. Würde man aber den unentgelb-
lichen Unterricht und den Aufenthalt in dieſer Erzie-
hungsanſtalt auf Unkoſten des Staates bis zu dem
Zeitpunkte fortſetzen wollen, wo die jungen Leute
über die Elemente des geſellſchaftlichen Vertrages und
über die Prinzipien der politiſchen Oekonomie ſich ſelbſt
Rechenſchaft geben können; alsdann drängt ſich unvermerkt in ſolchen Schulen die Hälfte der Bevölkerung eines ganzen Landes zuſammen, und freylich

von allen Seiten würde man einem Unterrichte nachgehen, der seinen Schülern Dach und Fach giebt.
Bey solcher Voraussetzung würden sie sich wohl hüten, allzu geschwind im Lernen zu wachsen; und um
des Unterhaltes desto länger zu genießen, würde keiner unterlassen, unaufhörlich zu wiederholen: „Noch
„bin ich nicht klug”! Nebendem muß man sich wohl
in Acht nehmen, daß solche Menschen, die durch ihre
Lage zu mechanischen Arbeiten bestimmt sind, sich nicht
um blos spekulative Ideen herumdrehen; denn für ihr
Glück liegt viel daran, daß sie sich schon von Kind-
heit auf an Handarbeit gewöhnen.

Alle solche Neuerungen, die aus den Jahrbüchern
einer Republick geschöpft sind, wo der freyen Einwohner wenige, und die Sklaven hingegen sehr zahlreich
waren, wo nur die Einen vernünftelten und die andern arbeiteten — alle solche Neuerungen sag' ich,
sind bey der ganzen Masse von Bewohnern eines weitläufigen Landes durchaus unanwendbar. Wunderwür-
dig sind sie; so lange sie blos Entwürfe bleiben; aber
alle ihr Glanz verschwindet, so bald man sie auf die
erste Probe setzt.

Bis auf so weit indeß kann man sicher seyn, den
grossen Haufen zu gewinnen; denn um diesem gefällig
zu werden, darf man nur auf unermeßliche Ausgaben
denken, welche einzig den Reichen zur Last fallen.
Indem man aber dieses System befolgt, ist man mit
dem größern Eigenthum bald am Ende; und zu der
Zeit, wo dem Schiffbruche des Rechtes und der Gerechtigkeit entronnen, nur noch die geringern Güter aufrecht bleiben, siehet man bald ein, daß die Bevölkerung eines grossen Staates keineswegs aus Kostgän-
gern oder Schülern zusammengesetzt seyn kann, die
man eben so theuer bezahlen muß, als ihre Lehrer.

Während daß man — und auch dies können wir
nicht unbemerkt lassen — während daß man von dem
agrarischen Gesetze immer übel spricht, und davon
nichts wissen will, bedient man sich nichts desto weniger aller Umwege, die zu dem nämlichen Ziele hin-
führen. Aber alle solche Bemühungen zur Gleichmachung der Glücksumstände, alle solche spekulative
Ideen, durch die man die Tyranney unterstützen will,
ändern darum die Natur der Dinge blos für einige
Zeit ab.

Die Ideen der Ordnung sind mit den Ideen des
Eigenthums ganz gleichgültig; und vielleicht würden
wir in der Genealogie der Sprache, wofern wir von
ihr ein Archiv hätten, dieses letztere Wort noch vor
dem erstern antreffen. Kurz, die eigenthümlichen Güter, die daher entstehenden Ungleichheiten, und, nach
einer nothwendigen Folge, auch die verschiedenen
Grade der Erziehung, entspringen aus der ursprünglichen Organisation des Menschengeschlechtes, und alles zeigt uns, daß die Ideen von Oberhand und Hoheit unzertrennlich in den Schöpfungsgeist verwebt
sind; alles zeigt uns, daß sie zu jener allgemeinen
Ordnung, zu jener durchgängigen Harmonie gehören,
deren Plan eine bewundernswürdige Weisheit erdacht
hat, und von der wir so häufige und merkwürdige
Spuren auch nur in diesem kleinen Theile des Unermessenen erblicken, den wir mit unserm Geiste und
mit unsern Gedanken berühren.

Was wird aber hier, aus den Grundsätzen völliger Gleichheit, mit deren Geräusche sich eine neue
Philosophie die Zeit vertreibt, und von denen sie so
grossen Glanz zu ziehen geglaubt hat — was wird,
bey ihrer nähern Betrachtung aus diesen Grundsätzen
werden, vermittelst deren man uns auf den Ursprung

der Dinge zurückführen will? Ach! eben so weit
entfernen sie uns von den Spuren des Genies als
von dem Wege der Glückseligkeit! Mögten unsere
vorgeblichen Weisen ihren Blick weiter werfen; mögten sie aus dem engen Kreise ihrer Metaphysik heraus-
gehen; mögten sie die Schranken ihrer kleinfügigen
Theorie durchbrechen, zu deren Bewunderern sie sich
aufwerfen; alsdann würden sie sehen, daß die Dissonanzen, in Harmonie aufgelöst, zugleich das System
des Weltalls und das Geheimniß der gesellschaftlichen
Organisation ausmachen.

Die Dissonanzen, in Harmonie aufgelöst, dieß
ist das Wort, welches das Weltall enträthselt; und
die Entwickelung dieser Idee hätte auch Frankreichs
Gesetzgebern zum Wortzeichen gedient, wofern sie die
Ordnung von dem Geiste der Dinge oder von dem
Geiste der Jahrhunderte würden gelernt haben.

Es giebt wenig moralische Wahrheiten, deren Bild
wir nicht in dem Schauplatze der Natur oder in dem
Studium ihrer Gesetze finden. Nach diesem schönen
Urbilde muß man alles anordnen, wenn man in den
grossen Berechnungen des Geistes glücklich seyn will,
in wiefern sie eine Handlung oder Bewegung zum
Zwecke haben; und das Gedränge der Menschen, ihre
Verbindungen, ihre Verhältnisse, ihre Nachbarschaft
und Verwandschaft nehmen in der allgemeinen Ordnung einen zu merkwürdigen Platz ein, um auch nur
für einen Augenblick von der allgemeinen Regel eine
Ausnahme zu machen. Auch flössen uns grosse Ansichten — und keine andere gleicht der prachtvollen Entfaltung der Harmonie des Weltalls — grosse Ansichten flössen uns jenen Ordnungsgeist ein, und belehren uns über seine Wichtigkeit; wir fühlen, daß sie
unserm Verstande den Zugang und die Bekanntschaft

mit der Unermeßlichkeit erleichtern; und überdies entdecken wir, daß diese Ordnung in ihrer Vollendung,
so zu sagen, die Absichten des Beherrschers der Welt,
und die Ausführung seiner hohen Gedanken in ihrer
Fülle darstellt. Freylich können die Blicke des Menschen nicht Alles umfassen; aber die Zeit, dieses Genie im Hinterhalte — die Zeit hat durch Weyhung
gewisser Wahrheiten unsere Nachforschungen unter ihr
Auge gefaßt und beschränkt; und so hätte sie unsere
Arbeit vermindert, wofern wir ihren Rathschlägen und
Ueberlieferungen nur mehr Zutrauen geschenkt hätten.

O wie heilsam wäre nicht dieses Zutrauen in jenen Augenblicken gewesen, wo man in Frankreich
allen politischen Untersuchungen näher trat, und sich
ihrer bemächtigte! Die Sterblichen rund um den
gesellschaftlichen, durch sein hohes Alterthum so
ehrwürdigen majestätischen Baum, dessen tiefe Wurzeln einen von den Hauptringen des Weltalls zu berühren scheinen — die Sterblichen sollen, voll Ehrfurcht vor diesem Werke der Jahrhunderte, sich ja
nicht unbesonnener Weise von Grundsätzen hinreissen
lassen, durch welche alle jene von der Erfahrung geheiligten Meynungen umgestürzt werden. Besonders aber
die Stellvertreter einer Nation, sie besonders müssen
sich vor Verirrungen verwahren, die von einem bren-
nenden Neuerungsgeiste so unzertrennlich sind; besonders sie müssen mißtrauisch gegen eine eroberungssüch-
tige Weisheit seyn, die, unter Benutzung der Ge-
schmeidigkeit moralischer Ideen, mit verwüsten-
dem
Geiste in das Gebiet der ältesten Wahrheiten ein-
drang, um darin Unordnung und Verwirrung zu verbreiten. Welche Vorwürfe muß sich daher nicht ein
Gesetzgeber machen, wenn er blöder Weise Grundsätzen nachgiebt, nach denen bloße Meynungen über-

die Geſetze der Natur den Sieg davon tragen ſollen?
Die erſte Pflicht des Geſetzgebers, und zugleich ſein
ſchwierigſtes Geſchäfte iſt es, daß er ohne Verletzung
der Freyheit, ohne Erſchütterung und ohne Tyranney
das Anſehn derjenigen Authoritäten behaupte, welche
der bürgerlichen und der politiſchen Ordnung zur
Bruſtwehre dienen. Voll von dieſer Idee, wird er,
anſtatt alle in dem unveränderlichen Laufe der Zeiten
eingeführten Superioritäten zu erniedrigen; anſtatt
zur Erreichung dieſes Zweckes jedes Unrecht und jeden
Druck zu verüben; anſtatt bey einer ſo tollen Unternehmung jede Leidenſchaft in Bewegung zu ſetzen,
wird er, ſag' ich, vielmehr in einem ganz entgegen-
geſetzten Sinne thätig ſeyn; er wird es nicht für ächte
Philoſophie halten, Lärm zu ſchlagen und die Sturm-
glocke zu läuten, um jede Anmaaſſung aufzuwecken,
und ſo die Geſellſchaft in einen Kampfplatz von Fech-
tern zu verwandeln; und indem er die Menſchen ſo
anſieht, wie ſie wirklich ſind, wird er, weit entfernt,
ohne Unterſchied alle Ideen des Ranges, alle Blends-
werke, die ihnen ſo lange Zeit zu Stützen gedient haben, weit entfernt, ſie in ihrer Blöſſe darzuſtellen,
wird er dieſe Hülfsmittel der Einbildungskraft ſcho-
nen, um die Pflicht des Gehorſams zu verſüſſen, um
die Gefühle der Ehrfurcht weniger drückend zu machen, kurz, um die Herrſchaft der Geſetze zu ſichern,
ohne daß man unaufhörlich zu den Mitteln des Schreckens und der Rache Zuflucht nehmen muß. Bey der
Auswahl unter allen äuſſern Zeichen der Gewalt, unter allen zur Rührung unſrer Sinne geſchickten geſellſchaftlichen Anordnungen, iſt an und für ſich gewiß
keine ſo ſonderbar, als die Auswahl barbariſcher Zu-
rüſtungen bey der Vollziehung des Strafamtes: Wenn
aber einmal eine ſyſtematiſche Verbannung aller Ideen

von Superiorität, wenn eine bestimmte Aufhebung
aller konventionellen Abstufungen — wenn, sowohl
der Sache als der Vorstellung nach, eine gänzliche
Gleichheit in unserer Mitte jene wilde Roheit einge=
führt haben, welche alle Gemüther zum Widerstande
reizt, so muß man wohl den Versuch machen, die
Gewalt der Regierung selbst durch Schrecken zu unter=
stützen. In seiner abstrakten Gestalt, in seiner meta=
physischen Blösse erregt das Gesetz bey dem grossen
Haufen keine Ehrfurcht; und wenn so viele alte Mey=
nungen geheiligt wurden, so geschah es blos, um die
Herrschaft desselben mit aller Zaubermacht der Imagi=
nation zu bewaffnen. Neue Ankömmlinge auf der Er=
de machten es zu ihrem Geschäfte, diese Meynungen
zu zerstöhren; und in einer solchen Unternehmung such=
ten sie vollends ihren Ruhm. Aller Orten, wo sich
ihre Wuth hinkehrete, verschwand die Ordnung, ver=
schwand die Harmonie. Weit entfernt, uns gegen
einander in dem Maasse zu nähern, in dem man ge=
sucht hat, uns eine gesellschaftliche Aehnlichkeit zu ge=
ben, verursacht gerade selbst diese Aehnlichkeit, das
Werk des Zwanges, im Widerspruche mit den Gesetzen
der Natur, einen unaufhörlichen Stoß und Gegenstoß;
überall sieht man, daß die Menschen seit der Umände=
rung ihres Platzes, seit der Verrückung ihrer alten
Verhältnisse, nicht mehr zusammenstimmen, nicht mehr
ohne Zank und Verwirrung beysammen leben können.

Ich wage hier Bemerkungen, die man bisher nie=
mals mit Genauigkeit entfaltet hat. Dies ist das Loos
von solchen Meynungen, deren erste Gründe sich in
der Nacht der Vorzeit verlieren; sie pflanzen sich bis
auf uns herab als Wahrheiten fort, welche eine still=
schweigende Zustimmung der Nationen und der Jahr=
hunderte heiligt. Bey einer solchen Art von Fortpflan=

zung denkt man nicht an ihre Zergliederung. Zu der
Zeit aber, wo es einem neuen Geschlechte von Philosophen einfällt, solche Meynungen als Vorurtheile zu
verwerfen, muß man ihnen wohl in ihrem wahren
Grunde und Ansehn nachgehen; ohngeachtet sie mit
Staube bedeckt sind, entdeckt man sie dennoch ganz
wieder in den unzerstöhrbaren Archiven der Vernunft
und der Weisheit. Denn die Erfahrung mit grauen
Haaren, die Erfahrung mit der Ausbeute der Vorzeit,
hat mehr Recht auf unser Vertrauen, als das spekulative Genie und das isolirte Wissen der jungen Schul-
meister, die so plötzlich unter uns auftretten. Jener
ihre Rathschläge sind das Resultat einer unendlichen
Menge von Beobachtungen; vor ihr vorübergehen
sah sie sowohl jene durch ehrgeizige Entwürfe beförderte Staatsumwälznng, als jene unter jeder Art von
Eitelkeit ausgebrüteten Systeme; sie verfolgte die
Menschen in jedem Zweige ihres Charakters und in
jeder Wechselgestalt ihres Geistes; und die Grundsätze
der Regierung, die wir ihrer Belehrung danken, bildeten sich langsam, unmerklich und gleichsam durch
das Zusammenwachsen aller jener moralischen und politischen Ideen, welche, mehr als andere, unser Mit-
gefühl zu erwecken im Stand sind.

Sollte man wohl ganz ohne Ueberlegung es nothwendig gefunden haben, in jene ungeheure einförmige
Fläche, in das Werk unbedingter Gleichheit, Rangs-
und Stufenordnung zu bringen, so etwan, wie man
den ungeheuern Umfang der Zeit in Stunden einge-
theilt hat? Sollte man es dem blinden Ohngefähr zu-
schreiben, und nicht einem tief in der Natur der Dinge
liegenden Grunde, daß seit der Entstehung der Welt
dieses System der Gleichheit niemals angenommen worden, und in keiner politischen Gesellschaft wirklich zu

Stand gekommen ist. Diese Wahrheit indeß bezeugt
die Geschichte aller Völker. Während des langen Zeit-
raumes, wo die Römer auf ihre Freyheit so eifersüchtig waren, klang ihnen auch das Wort Gleichheit
nicht weniger süß; indem sie aber diese beyden Ideen
vereinigten, gaben sie denselben einen Sinn, der mit
der übertriebenen Auslegung der fränkischen Gesetzgeber nichts gemein hatte. Sie behaupteten zwar die
Gleichheit ihrer Ansprüche auf den gesellschaftlichen
Schutz, auf die Ernennung der ersten Magistrate,
auf die Bestäthigung solcher Gesetze, woburch die Ver-
bindlichkeiten der Staatsbürger und ihre politischen
Verhältnisse bestimmt werden; zugleich aber sah man
in Rom immer noch eine sehr hervorstechende Rangordnung: Martia Roma triplex, Equitatu, Plebe,
Senatu. Die Gefühle der Ehrfurcht gegen die Sena-
toren, die Consuln, die Censoren, die Auguren und
die verschiedenen Häupter der Religion und des Staates, unterhielt man sorgfältig durch solche Anordnungen oder Uebungen, welche die Einbildungskraft hin-
rissen, und die politische Hierarchie mit aller Gewalt
der öffentlichen Meynung unterstützten. — Indem Ly-
kurg sein Vaterland von der übrigen Welt lostrenn-
te, und ihm jede Art von auswärtigem Verkehr unter-
sagte, gründete er unter den Spartanern leicht eine
völlige Gleichheit; bey aller dieser Gleichheit aber hatten sie gleichwohl ihre Ephoren, sie hatten ihren Senat, sie hatten ihre zween Könige; und von einer andern Seite hatten sie ihre Heloten, welche als Sklaven nicht allein in den Städten die mechanischen Künste trieben, sondern auch auf dem Lande den Feldbau.
Diese so berühmte Gleichheit also, diese Gleichheit in
der Kleidung, diese Gleichheit in der Nahrung und
Lebensweise, alle die gemeinschaftlichen gleichförmigen

Unterweisungen und so viele andere Aehnlichkeiten be=
schränkten sich nur auf die Anzahl derjenigen Familien,
welche unter sich allein die souveraine Aristokratie von
Sparta und seinem Gebiete bildeten. Mitten unter
diesen Familien indeß unterhielt man in Ansehung der
verschiedenen Verhältnisse zwischen den freyen Bürgern
und ihren Magistraten, ihren Volkslehrern und Kriegs=
häuptern, sehr sorgfältig die gewohnte Ehrfurcht und
Unterordnung; und man weiß, daß Agesilaus dem
Xenophon den Rath gab, seine Kinder nach Sparta
zu schicken: „Damit sie hier in der schönsten und schwer=
„sten Wissenschaft, in der Wissenschaft zu befehlen
„und zu gehorchen, sich üben möchten". Bemerkens=
werthe Worte, die hier gewiß an ihrer rechte Stelle
stehen.

Weit mehr indeß als in keiner andern Verfassung
des Alterthumes näherte sich in Athen die politische
Ordnung jenen Ideen der Gleichheit. Wie sehr aber
entfernte auch sie sich nichts desto weniger in verschie=
dener Rücksicht von dem neuen fränkischen Systeme!
Die Bewohner von Attika theilten sich in verschiedene
Zünfte, und die zahlreichste, aus Bürgern ohne Eigen=
thum zusammengesetzt, hatte lange Zeit keinen Antheil
an den Geschäften der Regierung. Es gab dort einen
Senat, Archonten, einen Areopag, sämtlich im Be=
sitze von verschiedenen Vorrechten; überdies trug man
mehrmal die höchste Macht und Ansehn einem einzel=
nen Mann auf, indem man ihm von Seite des Vol=
kes den Fingerring und das Siegel übergab, welche
zu Zeichen der Obergewalt dienten. Weit öfterer als
andere Bürger erhielten die Adelichen (denn derglei=
chen gab es zu Athen) diese höchste Authorität; und
der Ruhm, mit welchem fünfzehn Jahre lang Perikles,
ein Edelmann, sie bekleidete, macht, wie Jedermann

weiß, Epoche in der Geschichte. Am Ende findet auch
freylich zwischen einem Lande von 86. Quadratstunden,
wie Attika, und einem andern von 25,000, wie Frankreich iſt, keine Parallele ſtatt. Noch bemerkenswerther
iſt der Unterſchied, daß Frankreichs Bevölkerung ganz
aus freyen Menſchen beſteht ; aus Menſchen, die zur
Ausübung ihrer Bürger-Rechte berufen ſind, während
daß zehn Eilftheile der Bevölkerung von Attika unter
dem Joche der Sklaverey lebten. Gleichheit herrſchte
alſo nur unter den Fractionen des andern Eilftheiles,
unter den vierzigtauſend Gebietenden von jedem Ge-
ſchlechte und Alter *). Wie kann man alſo ſagen, wenn
man von Athen, von Lacedämon, oder von irgend
einer andern Stadt des Peloponeſus ſpricht, daß die
Alten mit der Gleichheit ebenfalls die Probe gemacht
haben ? Auch darf man die in den alten Republiken
eingeführte Sklaverey und die gänzliche Befreyung,
welche in Frankreich, und in andern Ländern von Europa herrſcht, nicht etwan bloß für eine beſondere Ei-
genheit, für einen verſchiedenen Umſtand ausgeben.
Ein ſolcher verſchiedener Umſtand ändert die Sache
ganz und geradezu in ihrer Natur; und die Freyheit,
die Gleichheit, die Souverainität des Volkes haben
nicht die gleiche Bedeutung in einem Staate, wo der
gröſ-

---

*) Nach einer Volkszählung aus den Zeiten des Demetrius von
  Phalers, ſtieg die Bevölkerung von Attika auf 40,000. freye
  Perſonen, und 400,000. Sklaven; in allem auf 440,000. Seelen.
  Hiezu kamen noch 10,000. Ausländer. Dieſer Berechnung
  folgt Herr von Paw in ſeinem fürtreflichen Werke über die
  Griechen; ohne Zweifel aber war in andern Zeiten die Bevölkerung weit beträchtlicher, und Herr Abbé Barthelemy,
  deſſen Genauheit von allen Gelehrten anerkennt wird, ſetzt
  die Anzahl waffenfähiger Männer in Attika auf 20,000.

gröſſere Theil der Bevölkerung durch die Sklaverey
von der Geſellſchaft ausgeſchloſſen iſt, und hingegen
in einem Lande, wo man dieſe Barbarey abgeſchaft
hat. Ueberdies dürfen wir die Bemerkung nicht aus
der Acht laſſen, daß in den meiſten Republiken, und
beſonders in Rom, die geſellſchaftliche Diſziplin ſowohl an der Energie des väterlichen Anſehns als an
den religiöſen Gefühlen der alten Völker mächtige
Stützen gehabt habe; eine Stütze fand ſie ſelbſt in dem
Aberglauben, weil man in dem Augenblicke einer groſſen Berathſchlagung oder einer wichtigen Unternehmung ganz ſicher alle Meynungen vereinigte und alle
Stimmen hinriß, ſobald man die gebietende Stimme
der Orakel, der Sibyllen oder der geweiheten Opfer-
prieſter, als der Ausleger der Augurien, emporſchal-
len ließ.

Zum Erſatze für die Wirkſamkeit des Despotismus
nahmen alſo alle jene Republiken unaufhörlich Zuflucht
zu der Herrſchaft der Einbildungskraft. Die Franken
ſind demnach das einzige Volk auf Erden, welches,
auf einmal in politiſche Quakers verwandelt, geduldig
erwartet, daß einſt die Ehrfurcht für das Geſetz das
Reſultat völliger Gleichheit ſeyn werde. Allein ſie
warten wohl umſonſt. Dieſes ſo hoch geprieſene Prinzip, dem man dergeſtalt auf's Wort hin traut, würde ein übelthätiger Genius vor jedem andern aus zur
Hülfe rufen, wofern er's tollkühn wagte, die allgemeine Harmonie in's Chaos zu ſtürzen.

Den Blicken eines aufmerkſamen Beobachters erſcheinen alſo immer neu und unter jeder Geſtalt dieſelben Wahrheiten; und ich ende mit einer ſonderba-
ren Bemerkung: Daß nämlich der Hauptinhalt meiner
Betrachtungen auch in einem Vortrage liege, den das
Konſtitutions- Committe dem Nationalkonvente über-

IV.   H

reicht hat; in einem Vortrage, der zur Einleitung bey einem neuen Entwurfe der republikanischen Verfassung für Frankreich bestimmt war. In demselben giebt der Redner, Condorcet, von diesem Entwurfe Rechenschaft; er zergliedert ihn, und im Namen seiner Kollegen eröffnet er die Grundsätze, welche ihnen zum Leitfaden gedient hatten. Offenbar sieht man, daß in dem Gange ihrer politischen Untersuchungen die Gleichheit und immer die Gleichheit ihr Leitstern gewesen. In so weit verurtheilt mich ohne Zweifel ihre Authorität; wenn man aber mit Aufmerksamkeit die merkwürdigen Worte betrachtet, welche diese Einleitung beschliessen, so wird man sehen, daß jener Gleichheit auch ihre eifrigsten Freunde nicht trauen *).

---

*) Aus diesem Vortrage rücken wir hier folgendes wörtlich ein:

„Franken! Euch sind wir die ganze Wahrheit schuldig.
„Vergeblich würde eine einfache und noch so gut berechnete
„Verfassung, von Euch bestätigt, eure Rechte sicherstellen.
„Weder den Frieden, noch die Wohlfahrt, noch selbst
„die Freyheit würdet Ihr geniesen, wofern nicht der Ge=
„horsam gegen die Gesetze, welche das Volk sich selbst giebt,
„für jeden Staatsbürger die erste seiner Verpflichtungen wä=
„re; wofern nicht die religiöse Ehrfurcht für die Gesetze,
„wodurch freye Völker sich auszeichnen, sich nicht selbst auf
„diejenigen erstreckte, deren Reform das öffentliche Interesse
„erfordert; wofern Ihr bey Erwählung der Handhaber aller
„Authoritäten vielmehr dem Murren der Verläumdung folgt,
„als der Stimme des öffentlichen Beyfalles; wofern unge=
„rechtes Mißtrauen die Tugenden und Talente zur Flucht
„und zum Stillschweigen verdammt; wofern Ihr blindlings
„den Anklägern glaubt, anstatt die Anklage zu prüfen; wo=
„fern Ihr der Mittelmäßigkeit, welche der Neid schont,
„dem Verdienste, das er so gerne verfolgt, vorziehet; wo=
„fern Ihr die Menschen nach Aeußerungen beurtheilt, die

„Was würde aus der Gleichheit und Freyheit
„werden”, sagt der Sprecher des Committe sehr wohl,
„wofern das Gesetz, welches die gemeinschaftli-
„chen Rechte von Allen bestimmt, nicht auch gle-
„cher Weise von Allen verehrt würde”? O ja! be-
gründet ist diese Besorgniß. Aber die Gleichheit des
Ranges, die unbedingte Gleichheit, die Gleichheit zum
Prinzip erhoben, die Gleichheit als Glaubensartikel
beschworen, geradezu steht eine solche jener andern
Gleichheit — der Ehrfurcht für die Gesetze entgegen;
denn sie stöhrt das Gleichgewicht, welches alle Gesetzgeber zwischen der physischen Gewalt des Volkes und
der moralischen Gewalt seiner Häupter eingeführt haben; eingeführt haben zwischen den leidenschaftlichen
Bewegungen des grossen Haufens und dem bedächtli-

_____

„man so leicht heucheln kann, und nicht nach dem Betra-
„gen selbst, das hingegen so schwer zu behaupten ist; wo-
„fern endlich aus sträflicher Gl.ichgültigkeit die Staatsbürger
„nicht mit Ruhe, mit Eifer, mit Würde die wichtigen Ge-
„schäfte treiben, welche ihnen das Gesetz auflegt: Wo blei-
„ben Freyheit und Gleichheit; wofern das Gesetz, wel-
„ches die gemeinschaftlichen Rechte von Allem beschützt, nicht
„von Allen auf gleiche Weise verehrt wird. Und welchen
„Frieden, welche Wohlfahrt darf ein Volk erwarten, dessen
„Unbesonnenheit und Sorglosigkeit seine Angelegenheiten un-
„fähigen oder verdorbenen Menschen überlassen würde? So
„manches Gebrechen hingegen eine Verfassung haben mag,
„so werden doch diese Gebrechen, in wiefern nur die Ver-
„fassung einem die Gesetze liebenden Volke — in wiefern sie
„solchen Bürgern, die auf ihr wahres Interesse und auf die
„Stimme der Vernunft aufmerksam sind, Mittel zur Ver-
„besserung an die Hand giebt — alsdann werden diese Ge-
„brechen sehr bald, und noch ehe sie Schaden thun können,
„wieder gut gemacht werden”.

chen Gange der Regierung; und auf solche Weise zerstöhrt in kurzer Zeit die spekulative Gleichheit jene reelle.
Wirklich auch fordern die Gesetzgeber des Committe zu
sicherer Gründung des Ansehns, und zur Gewährleis-
stung der Handhabung der öffentlichen Ordnung, von
dem Volke in Frankreich solche Anlagen, solche Eigenschaften des Geistes und Herzens, bey denen, wenn
sie statthätten, kaum noch ein gesellschaftlicher Ver-
trag nothwendig seyn würde.

Bey der Entwerfung und Kundmachung dieses Planes einer Verfassung, auf das Prinzip der Gleichheit
gegründet, bezeigte sich das Committe voll des sonder-
barsten Zutrauens. Allein unter was für Beschränkungen? „Wofern nur", sagt es gerade heraus, „wo-
„fern nur die Staatsbürger mit Ruhe, mit Ei-
„fer, mit Würde alle die wichtigen Geschäfte
„verrichten, welche ihnen das Gesetz anvertraut,
„und sonderheitlich auch, wofern man es mit ei-
„nem das Gesetz liebenden Volke zu thun hat;
„mit Staatsbürgern, die an den Geschäften An-
„theil nehmen, und der Stimme der Vernunft
„willig Gehör geben". Unter solchen Bedingungen
aber würde das Geschäft der Gesetzgeber freylich sehr
leicht seyn; denn niemals war es die Erklärung des
Begriffes von Gerechtigkeit, niemals die Beschreibung
dessen, was öffentliche Ordnung sey, niemals die
Herzählung der Bürgerpflichten, was ihnen schwer
schien. Für sie besteht die schwere Arbeit darinn,
dem Volke die Gesetze lieb und theuer zu machen,
und dasselbe für die Stimme der Vernunft zu
gewinnen; darinn, daß man den Bewahrern der öffentlichen Gewalt Ruhe zusichere, daß man ihren Bedienungen Würde verschaffe; daß man ihnen Eifer

für ihren Stand einflöſſe, und edeln Ehrgeiz, ſich deſſelben würdig zu zeigen.

Und gleichwohl ſind es ſolche Geſinnungen, ſolche Neigungen, die man als Präliminarpunkten verlangt; als Bedingungen, die zur Beförderung eines neuen Planes der Regierung unumgänglich nothwendig ſind; nach einem ordentlichen Ideengang aber machen ſolche Geſinnungen und Neigungen vielmehr das Reſultat, als den Eingang einer politiſchen Verfaſſung aus. Denn Unterordnung, Gehorſam, Herrſchaft der Vernunft und des Geſetzes ſind keineswegs bloß zufällige Eerechnungen, deren Wurf den Arbeiten des Geſetzgebers vorhergeht. Von ſeinem Genie hängt dieſes moraliſche Meiſterwerk ab, und es iſt ganz ſeine eigene Schöpfung.

Vielleicht ſagt man beym Leſen dieſer Betrachtungen: Und wie denn? Immer Subordination, immer Ehrfurcht für das Geſetz, immer öffentliche Ordnung! Genug ſchon und nur allzu lange tiſcht man uns dieſelben Ideen auf. Die Freyheit! Die Freyheit! Sie iſts, die wir verlangen; vor Allem aus und über Alles die Freyheit; und wenn die Gleichheit eben ſo wohl ihr Prinzip als ihr Unterpfand iſt, ſo lieben und ſchätzen wir auch dieſe, wie jene. — Von was für einer Freyheit ſpricht man aber? — Und ſoll man denn ewig gegen Doppelſinn und Mißverſtändniß kämpfen? Die Freyheit, welche zu dem Glücke der Sterblichen ſo viel beyträgt — die Freyheit, welche ihre Huldigung verdient, iſt nicht eine ſolche, deren man ſich bedienen könnte, um jeden Augenblick die öffentliche Ruhe zu ſtöhren, und ſich ſtraflos von dem Joche des Geſetzes zu befreyen. Eine ſolche Freyheit erhebt ſich in kurzer Zeit zum Deſpotismus der Gewalt, der Leidenſchaften und des Verbrechens. Bey der Voraussetzung dieses Grundsatzes aber ist die Freyheit, welche man liebt und lieben soll, unverträglich mit der Gleichheit, so bald diese Gleichheit so wohl der Gründung als der Handhabung der gesellschaftlichen Ordnung förmlich im Wege steht. Wo bleiben Frey= heit und Gleichheit, wenn das Gesetz, welches die gemeinschaftlichen Rechte Aller bestimmt, nicht gleicher Weise von Allen verehrt wird? Ungemein bemerkenswerth, ich wiederhol' es, ungemein bemer= kenswerth sind diese Worte des Constitutions=Aus= schusses; und zugleich wiederhol' ich: Wie soll irgend eine regelmäßige Gewalt ihre Unabhängigkeit behaup= ten, wenn im Namen der Gleichheit die zahlreichen Bewohner eines weitläufigen Landes alle samt und sonders denselben Anspruch haben, wenn keine Art von Abstufung mehr die Gemüther auf die Begriffe von Achtsamkeit leitet; wenn man aller Orten nur Gebieter erblickt, oder Menschen, die es zu werden bereit sind? Wie soll ferner eine schützende Gewalt ihre Unabhängigkeit behaupten, wenn alle Besitzer dieser Gewalt selbst in unaufhörlicher Furcht stehen; wenn sie genöthigt sind, mit dem lauten Toben der Unwissenheit in Unterhandlung zu treten, und wenn sie dem drohenden Winke eines Haufens von Ihresglei= chen nachgeben müssen; eines Haufens, von dem sie nur die Befehltrager sind? Man hat Grundsätze ein= geführt, welche jede Art von höherm Ansehn zerstö= ren, und vermöge welcher die Unterscheidungen des Standes, des Vermögens, der Ausbildung zum Ge= genstande entweder des Hasses oder des Mißtrauens geworden sind. Unter solchen Umständen ist es un= möglich, daß die Oberherrschaft nicht in den Händen der stärkern Faust oder bey der größern Zahl bleibe; und wenn einmal die Häupter einer Regierung nicht

länger an das Daseyn irgend einer moralischen Authorität glauben, so können sie so wenig die Beschü-
ßer der Vernunft, der Gerechtigkeit und der Frenheit
seyn, daß sie vielmehr sich selbst unter den Schild aller herrschenden Leidenschaften begeben; mitten unter
den größten Ausschweifungen rühmen sie alsdann die
Sanftmuth des Volkes, seine Güte, seine Urtheils-
kraft, seine Willfährigkeit und Fähigkeit zum Hören,
und zitternd stimmen sie noch selbst einen Lobgesang
zu Ehren der Gleichheit an.

Was ist denn aber die eigentliche Wahrheit, wenn
man sie anders noch sagen darf? So wie vormals,
wird das Volk in einem Umkreise von solchen Wünschen und Interessen, der dem engern Kreise seiner
Begriffe angemessen ist, weiter fort die Moral und
den Geist seiner Lage behalten; sobald man es aber
aus seiner Sphäre herauszieht, um es in grosser
Masse in die politischen Controversen und Meynungen
zu verwickeln, alsdann verdient es nicht, und kann
keine von jenen Lobpreisungen verdienen, welche die
Schmeicheley ihm so verschwenderisch zutheilt; alsdann ist es, und zwar fast immer, weder gerecht,
noch dankbar, noch sanft, noch großmüthig, noch
weise, noch hellsehend, noch überhaupt so, wie es
von seinen Höflingen geschildert wird. Dies ist nicht
der Fehler seiner Natur, sondern, des Beystandes der
Erziehung beraubt, verräth es in allen seinen Begriffen, in allen seinen geistigen Fähigkeiten diesen ersten
Hauptmangel der Ausbildung. Auch hat es nie Zeit
gehabt, sich selbst aufzuklären; niemals besaß es Musse
genug, die gesellschaftliche Organisation zu studieren
oder auch nur zu beobachten. Auf eine grosse Ferne
hin urtheilt es zuweilen sehr gut, weil sich nach langem Laufe die verschiedenen Ideen über die Regierung

in eine kleine Anzahl von solchen Resultaten zusam-
mendrängen, welche einfach und der Faffungskraft des
groffen Haufens angemeffen find; in ihrem Ursprunge aber find diese Ideen allzu vermischt, allzu sehr zu-
fammengesetzt, als daß man fie dem Richterftuhle der
Menge oder ihrem gebieterschen Einfluffe unterwerfen
könnte; und es geschiehet für das wahre Beßte des
Volkes, wenn man seine tagtägliche Einwirkung ab-
hält. — Oder wem kann es denn immer verborgen
bleiben, daß das Volk wegen seiner gröbern Denkart
und Sitten von gemäßigten Regungen immer sehr weit
entfernt bleibt? Wem kann es verborgen bleiben,
oder wer kann es sich verhehlen, daß es, mit dem
Blick immer nur auf das Gegenwärtige geheftet, beym
Vorüberwandeln jener Phantome von Glückseligkeit,
welche dem äuffern Wohlstande folgen, natürlich den
gesellschaftlichen Zustand für ein Gewebe von Ungerechtigkeit halten müffe? Es kann nun einmal nicht
einsehen, daß die Verschiedenheit der Glücksgüter
ein nothwendiges Resultat so wohl der Gesetze der
Natur als der Gesetze einer gesellschaftlichen Verbindung sey, vermöge welcher die Menschen ohne Streit
und Zank sich unter einander vereinigen und in Gemeinschaft leben können; noch weniger kann es einsehen, daß die Stufenleiter der Glückseligkeit von den
Abstufungen des Ranges und des Reichthums wesentlich verschieden sey; und jene häufigen Regungen des
Neides muß es für eben so viele Ankläger einer vollkommenen Glückseligkeit betrachten, an der es selbst
keinen Theil hat. Und, Ach! wie sollt' es sich auch
in seiner Unwissenheit vor solchen Verblendungen verwahren? Die groffen politischen und moralischen
Wahrheiten sind aus so vielen Elementen zusammengesetzt, daß sie für das Volk sogleich in dem Augen-

blicke verloren gehen, wo man ihnen das Gepräge
raubt, welches eine lange Angewöhnung ihnen aufge=
drückt hat — in dem Augenblicke, wo man sich eine
so grosse Unbesonnenheit erlaubt; alsdann muß man
abwarten, bis die Zeit von Neuem ihren bessern Ruf
wieder herstellt. Daher begreift man nicht, wie viel
Unheil man verursacht, wenn man zusammengesetzte
Wahrheiten jeder Untersuchung preißgiebt, und auf
solche Controversen die ganze Masse einer Nation auf=
merksam macht. Bey der grossen Menge ist das Ver=
nünfteln ein Werkzeug der Ränkesucht, so bald die=
ses Vernünfteln auf Prinzipien angewendet wird, wel=
che ihrer Natur nach zu den abgezogenen gehören;
und ein solches Prinzip, mehr als kein anderes, ist
ohne Zweifel das der politischen Gleichheit. Wenn
aber die Menschen in Masse, mehr als sonst jemals
von einer einzelnen Idee hingerissen, sehr leicht kön=
nen getäuscht werden, so darf man mit der Natur der
Dinge niemals sein Spiel treiben; und da es auch
in Rücksicht auf die gesellschaftlichen Verhältnisse eine
solche wesentliche Natur giebt, so scheitern an ihr im=
mer und ewig alle Systeme, alle Kunstgriffe, alle
Arglist und Tücke. Gewalt kann man ihr thun, die=
ser Natur; für einige Zeit kann man sie betriegen,
aber sie wird nicht säumen, ihre Kraft und Herrschaft
wieder zu erobern.

Umsonst also wird man es in einem grossen Staate
versuchen, den kläglichen Folgen gänzlicher Gleichheit
zu begegnen, und ihre Neigung nach tyrannischer De=
mokratie zu hindern. Auch ist es nur eine Chimäre,
nur der Mißbrauch, den man von einem kollektiven
Namen macht, wodurch uns die Schmeichler des Pö=
bels zu hintergehen suchen. Treuherzig versichern sie
uns, daß das Volk, als personificirter allgemeiner

Willen, unmöglich ein Tyrann seyn könne. Aber bloß
in der Abstraktion ist das Volk ein kollektives Wesen;
sobald es handeln will, verschwindet seine Einheit;
alsdann sieht man nur seine Leidenschaften und alle
die unregelmäßigen Bewegungen, deren nothwendige
Wirkung sie sind. Die unbedingte Gleichheit also,
welche gleichsam in einem Nu der grossen Zahl Allgewalt giebt — die unbedingte Gleichheit, diese Verti-
gerin aller moralischen Authorität, welche doch unter
allen gesellschaftlichen Ideen die sinnreichste und ge-
meinnützigste ist — diese unbedingte Gleichheit führt
mit Gewalt einen blinden zaumlosen Despotismus her-
bey, dessen allseitige Einwirkung sich allenthalben und
unter jeder Gestalt offenbart; einen Despotismus, der
nicht etwan bloß einfach oder von einer Seite allein
drückt, sondern der wechselweise ausgeübt wird; bald
von dem Pöbel im Tumulte, bald von einzelnen Männern, welche die Kunst verstehen, das Volk zu beherrschen — die Kunst nämlich, ihm nach Willkühr jede
Leidenschaft einzuflössen. Welch ein Gebieter indeß ist
nicht eine Hyder von zwanzig Millionen Köpfen; und
wie greift man es an, ihm zu dienen und ihm zu gefallen? Und zu den Füssen eines solchen Gebieters
sollte die Freyheit sich erhalten? Von so viel drohenden Willensmeynungen umlagert, unter dem Drucke
der Furcht und des Schreckens, sollte sie ihren edeln
Charakter behaupten? Um sie mitten in einer so kri-
tischen Lage zu beruhigen, bedarf sie gewiß einer andern Gewährleistung; einer andern Stütze bedarf sie,
als heuchlerischer Maximen oder philosophischer Verheissungen.

Zwischen der Regierung der Gewalt und der Regierung der Gleichheit herrscht demnach ein sehr enges
Verhältniß. Die Ideen völliger Gleichheit nöthigen

durch eine unendliche Vermehrung der Ansprüche zu
ähnlicher Vermehrung der öffentlichen Bedienungen
und des Antheils an der Ausübung der Gewalt; da=
her die grosse Menge und die unaufhörliche Erneue=
rung der Gewalthaber, und ganz natürlich eben da=
rum auch ihr geringes Ansehn und ihr geringes per=
sönliches Uebergewicht. Deswegen haben sie nicht we=
niger Lust am Befehlen, und Gefallen am Herrschen;
um aber nichts zu verspielen, um keinen für sie nach=
theiligen Mißgriff zu thun, studieren sie die Leiden=
schaften des grossen Haufens, und, indem sie ihren
Bewegungen voreilen, schreiben sie, was sie umsonst
verhindern wollten, lieber in entscheidendem Tone vor,
und fordern es mit Stolze. Auf solche Weise geben
sie ihrer Unterwerfung einen Anschein von freyem
Willen, und ihrer Klugheit ein Aussehn von Muth.
Indeß erheben sich alsdenn zwo Arten von Tyranney,
welche weit entfernt sich zu bestreiten oder einander
zum Gegengewichte zu dienen, sich in demselben Sin=
ne entfalten, und gegenseitig einander zu übertreffen
suchen; öfters auch erhebt sich unter beyden Despoten
der Nachahmer am furchtbarsten — und den etwan=
nigen Mangel an natürlicher Härte ersetzt er durch
erzwungene Uebertreibung.

In einem grossen Staate bedarf die Regierung al=
ler Mittel der Gewalt, so lange keine Stufenreihe die
Gemüther zu Aeusserungen der Ehrfurcht und zur Un=
terordnung geneigt macht; solche Mittel der Gewalt
aber grenzen sehr nahe an Despotismus. Alsbann
reichen zur Bekleidung grosser Stellen Rechtschaffen=
heit, Aufklärung, gesunder Verstand nicht hin; son=
dern vor Allem aus bedarf es kühner gebieterischer
Charaktere, welche ihrer Natur nach von jenem scho=
nenden Geiste entfernt sind, den hingegen die Frey=

heit verlangt. Nebenbein wird die Gewalt, die we=
gen ihres Ansehns immer im Zweifel steht, indem
sie sich von fünf und zwanzig Millionen Menschen
umringt sieht, welche alle vermöge der Meynung,
des Glaubens und des Gesetzes einander gleich sind,
diese Gewalt, sag' ich, wird gar bald entdecken, daß
ihr alles daran liege, sich furchtbar zu machen; und
das besondere Interesse der Staatshäupter wird unauf=
hörlich mit den liberalen Ideen und den republikani=
schen Prinzipien im Widerspruch stehen. Und wie
kann man endlich, mitten unter dem Tumulte der
Gleichheit, der Staatsverwaltung einen sichern Gang
geben, ohne zu willkürlichen Maaßregeln seine Zu=
flucht zu nehmen; zu solchen Maaßregeln, die von
der konstitutionellen Regel abweichen? Und gleich=
wohl nöthigen schon die ersten strengern Schritte zu
den andern; denn wofern einmal die Nation aus der
Verblendung zurückgekehrt ist, so leitet man sie so
leicht nicht wieder zu blindem Gehorsame; und gar
bald unterstützt sie die neuen Beherrscher nicht mehr
durch ihre Täuschung, ihre Hoffnung und ihren blin=
den Fanaticismus.

Wie dem aber immer seyn mag, so hat man uns
gröblich betrogen, indem man uns die Freyheit und
Gleichheit als zwey unzertrennliche Prinzipien vorstell=
te. Vereint und verbündet sind sie nur vermöge ei=
ner Abstraktion, und in Kraft ihrer metaphysischen
Verwandtschaft; in der Wirklichkeit aber werden Frey=
heit und Gleichheit, gemeinschaftlich auf einer großen
Bühne aufgeführt, beständig einander entgegenstehn.
Die eine fürchtet über Alles willkürlich usurpirte Ge=
walt; die andere erzeugt eine ungeheure Menge von
Willensmeynungen, welche man vergeblich zu verei=
nigen bemühet seyn wird. Die eine verlangt, daß

überall keine wirksame Kraft die Schranken des Rechtes überschreite; die andere bringt eine Bewegung
hervor, welche sich mit keiner Art von Beschränkung
verträgt. Die eine liebt die Ordnung, und kann
den Schutz der Gesetze unmöglich entbehren; die andere schöpft ihre Lust aus dem Angriffe, und verstärkt
sich unter'm Getümmel. Die eine ist das Resultat einer vollkommenen Harmonie; die andere brütet über
dem Chaos. Kurz, Freyheit und Gleichheit berühren und vermischen sich nur durch ihre Ausschweifungen und in dem Augenblicke, wo die Freyheit, in
Anarchie verwandelt, bloß durch Mißbrauch der Sprache ihren ersten Namen behält. Indeß auch selbst in
diesem Zustande der Zerrüttung ist die unbedingte
Gleichheit noch gefährlicher, und für die öffentliche
Ordnung noch verderblicher, als unbeschränkte Freyheit. Unter der Herrschaft dieses letztern Prinzips
scheint das Ebenmaaß unter den verschiedenen bürgerlichen und politischen Gewälten bloß allein gestört,
und immer noch entdeckt man, wie auf die Stimme
aufgeklärter Männer, und auf den Zuruf der öffentlichen Meynung hin, eine harmonische Bewegung wieder
hergestellt werden kann; unter der Herrschaft unbedingter Gleichheit hingegen ist die öffentliche Meynung ohne
Ansehn, und dieser grosse Reformator aller Mißbräuche zeigt sich nirgends mehr. Wo einmal unbedingte
Gleichheit anerkennt und eingeführt ist, da kömmt
kein Licht mehr von Oben herab. Alles erliegt unter
ihrer demokratischen Herrschaft; nur die Leidenschaften
geben noch den Gemüthern ihre Bewegung und Richtung. Wenn man unter der Verwirrung eines neuen
Chaos die Himmelskörper ganz überschauen könnte,
würde man immer noch hoffen, daß sie durch das Gesetz der Anziehungskraft mit der Zeit wieder einmal

zur Harmonie zurückkehren könnten; wenn aber alle diese Körper in Staub zermalmt, im unermeßenen Raume zerstieben sollten, so würde keine bekannte Macht eine von diesen Welten wieder herzustellen im Stande seyn, und man müßte eine ganz neue Schöpfung erwarten. Eben so: Nachdem die Gleichheit, die man mit solchem Gepränge erhoben, und so leichtsinnig gepriesen — nachdem sie die Gesellschaft in einen Haufen gleichartiger Theile zerrieben hat, so nimmt sie vergeblich zu den alten Gesetzen ihre Zuflucht, um ein Föderalsystem, dessen Elemente alle ganz entnaturt sind, vor der Verwirrung zu verwahren.

Auf denselben Gegenstand bezieht sich noch eine andere philosophische Bemerkung: Je mehr ein Prinzip mit unsern innern Gefühlen zusammenstimmt, desto mehr verbindet es sich auch mit unsern ersten Begriffen; kurz, je näher es gleichsam an der Quelle unsrer Natur liegt, desto ausgebreiteter ist auch sein Einfluß, desto zahlreicher verbreiten sich von allen Seiten seine Zweige. Und gerade so ist das Prinzip der Gleichheit beschaffen; und, noch vorher, gerade so beschaffen war auch das Prinzip der Eigenliebe, dieser so lange schon befolgte Grundtrieb, den mehr als Ein Sittenlehrer uns so richtig dargestellt hat. Nur in wiefern wir auswärts wirken, in wiefern wir uns ausser uns selbst versetzen, denken wir an politische Freyheit; in unserer innern Existenz aber giebt es nicht Einen Moment, nicht Einen einwärts gekehrten Blick, welche uns nicht auf Vergleichungen zwischen uns und andern zurückführen; und wenn man uns einmal unbedingte Gleichheit eingeschwatzt hat, so verirren wir uns bey diesem Glauben auf allen Seiten; und der Gesetzgeber selbst darf sich nur von einem ersten Irrthum hinreissen lassen, so opfert er diesem Blendwerk

die verschiedenen Realitäten auf, aus denen die öffentliche Ordnung zusammengesetzt ist.

Sonderbarer Contrast! Zur Lenkung des Gehorsams verlangt man eine politische Hierarchie, und zu
gleicher Zeit macht man zum Glaubensartikel ein Prinzip, welches jeder Art von Abstufung am meisten entgegengesetzt ist. Was kann man noch hoffen, wenn
man sich selbst einen Gegner schaft, der seine Gewalt
von dem Volksglauben hat? Dieser Glauben ist,
wenn man will, die Wirkung einer Verzauberung; indessen bleibt diese Täuschung; und ich sehe darin nur
den Wunderstab jener ägyptischen Tausendkünstler!

Ebenfalls aus diesem Grundsatze der Gleichheit fließt
es, daß die Hauptstadt des Landes dem ganzen Lande
das Gesetz vorschreibt. Sonst stehet die höchste Gewalt aller Orten, wo die Gleichheit das Uebergewicht
und das Ansehn der Regierung zerstöhrt hat, bey der
grössern Menge; aber die Gewalt der Anzahl hat eben
so wohl ihre Geheimnisse, wie jede andre. Da giebt
man der Minorität eines zusammengelaufenen Haufens den Anschein der Mehrheit; alsdann dieser besondern Mehrheit den Anschein einer allgemeinern Plurali-
tät, und endlich dieser letztern den Anschein des durchgängigen Willens. Wenn man auf solche Weise die
Anzahl der Menge verfälscht hat, so wirkt man auf
alle Gemüther durch Drohungen; und, indem man
mit gewandter Hand die Schreckmittel ordnet, gelangt
man stufenweise zu den fürchterlichsten Ausbrüchen,
und läßt den Volkan aus einem Punkte hervorgehen,
dessen man anfänglich kaum gewahr wird. Um
aber ein so verwickeltes Geschäft auszuführen, bedarf
es eines grossen Interesse; und ganz und völlig findet sich ein solches nur in dem Centralplatze, wo
man die Gesetze zubereitet, wo die Kraft der Regie-

rung zuerſt wirkt, wo die Schätze des Landes einge-
ſaugt und wieder zertheilt werden. Gerade ſo erlan-
gen auch von einer andern Seite die Ränke und
Schmeichlerkunſt den höchſten Grad ihrer Vollkommenheit an den Höfen der Könige.

Ohne Zweifel kann ein weiſe berechneter Regie-
rungsplan die kläglichen Wirkungen eines ſolchen Prinzips vermindern, das mit der öffentlichen Ordnung
und mit der Freyheit ſo ſehr im Widerſpruch ſteht.
In der neuen fränkiſchen Verfaſſung aber (damals
ſprach ich von der Verfaſſung vom J. 1793.) find
ich nichts, das nicht die Ueberſpannung des Syſtems
der Gleichheit begünſtige ; das nicht auf der einen
Seite die Uebergriffe des groſſen Haufens, und auf
der andern Seite die Herrſchaft ſolcher Männer un-
terſtütze, welche zur Erſchütterung der unterſten Volks-
klaſſen ſo viel Geſchicke haben.

Und was ſoll man in der That denken — —

„Hier rückte ich eine Reihe von Bemerkungen über
„die Verfaſſung vom J. 1793. ein. Ich laſſe ſie itzt weg,
„da ſie gegenwärtig, wo dieſe Verfaſſung nicht mehr
„vorhanden iſt, ganz ohne Intereſſe ſeyn würden".

„Ich komme mit der letzten Phraſe auf meinen
„Vortrag zurück".

Wo bleibt unter einer ſolchen Regierung die Freyheit ? Ach ! wo bleibt ſie ? Nirgends — überall nirgends. Nur noch ihr Namen erhält ſich, um die
Tyrannen zu unterſtützen, und ihnen die Bahn zu
öffnen.

In der ganzen Geſchichte findet man für die itzige
Zeit nicht ein einziges Beyſpiel; denn Nero, Tibe-
rius, Caligula, dachten mitten unter den Planen ihrer Rache und ihrer Aechtungen niemals darauf, wo-
der ſelbſt hoch aufzuſchreyen, noch von andern laut
wieder

wiederholen zu laffen: Es lebe die Freyheit! Es lebe die Gleichheit!

Zur Entschuldigung eines so unerhörten Despotismus sagt man uns: Frankreich befinde sich in einem revolutionairen Zustande; ich bediene mich dieses Ausdruckes, mit dem man, nebst so vielen andern, unsern Sprachschatz bereichert hat. Wird man aber die öffentliche Ordnung leichter behaupten, wenn nicht länger eine übermächtige Leidenschaft alle Wünsche und Meynungen vereinigt; wenn der Frieden mit dem Auslande die Bewegung der Gemüther nach dem Innern zurücklenkt, und wenn eben dieser Umstand jede Zeitfrist aufhebt, womit man sonst der Hoffnung zu liebkosen gewohnt ist.

Man täusche sich doch nicht! Immer wird man einer willkürlichen Gewalt und eines Despotismus bey der Gleichheit bedürfen — wenigstens bey einer solchen, wie man sie wollte verstanden wissen, und wie man sie auslegte; bey jener Gleichheit, die, indem sie mit dem Gesetze anfängt, sich mit der Meynung verstärkt, sich unter dem Neide belebt, hernach in ihren Zweigen jede Form und Gestalt annimmt, und dergestalt von allen Seiten das politische und gesellschaftliche Leben umschlingt und durchkreuzet.

O freylich giebt es eine Gleichheit, die uns werth und theuer seyn soll, und deren Einführung und Fortpflanzung all' unser Bestreben verdienet — die Gleichheit der Glückseligkeit: Diese aber hängt von der politischen nicht ab, und verträgt sich sehr gut mit den verschiedenen Rangordnungen, so wie sie, nach dem Plane der höchsten Weisheit, auch bey den zahllosen Verschiedenheiten unsrer ursprünglichen Menschennatur stattfindet. Hier aber machen wir es bloß der poli-

IV.   J

tischen Gleichheit zum Vorwurfe, daß sie nicht nur
die Freyheit umstürzt, sondern seit dem unseligen Beyspiele von Frankreich vielleicht wohl gar noch den
Ruhm dieses kostbaren Schatzes auslöscht; eines Schatzes, den die Sterblichen so lange Zeit schon preisen;
den sie mit ihrem Blute erwarben, behaupteten und
wieder eroberten, so wie es die Geschichte aller Län-
der und aller Jahrhunderte bezeugt.

So vielmal sagte man in Frankreich, und man
sagte es im Namen der Weisheit, im Namen der
Philosophie: Daß Freyheit und Gleichheit unzertrennlich wären; und mit diesem Axiome that man so laut,
man wiederholte es unter so mancher Gestalt, man
gab ihm, durch seine Grundlegung bey den feyerlich-
sten politischen Urkunden, ein so starkes Gewicht, daß
man zu der Zeit, wo man alle Ordnung durch Ausschweifungen verwirrte, welche doch einzig aus der
politischen Gleichheit herflossen, vielmehr die Freyheit
beschimpfte und nur sie verläumdete.

Nicht ohne geheimes Vergnügen erblicken daher die
Freunde des Despotismus diese systematische Vermischung von zwey so ganz verschiedenen Begriffen,
und sind die ersten, welche ihre Identität annehmen,
um so dem einen von beyden jedes Unheil Schuld geben zu können, welches das andere verursacht. Und,
bey einem Volke, welches unter dem Joche eines einzigen Prinzips lebt, welches seit langem her von blindem Glauben beherrscht wird, welches sich zur Freyheit und Gleichheit als zu Mysterien bekennt, und
blindlings beyde für Eins hält — bey diesem Volke
sollte es entweder am Willen oder an der Macht gebrechen, die Ehre der Freyheit zu retten, und sie wenigstens in Gedanken von jener Gleichheit abzusondern,
deren Opfer sie ist?

Glücklicher Weise indeſſen bleibt noch in dem
Schooſſe von Europa Ein groſſes Beyſpiel übrig; glücklicher Weiſe iſt noch ein Land, wo die Freyheit, nicht
mit jener Gleichheit vermengt, ſich immer in ihrer
Majeſtät zeigt. Hier iſt's, wo ihre Anbeter einen ihrer
würdigen Tempel erblicken, wenn auch ſonſt allerwärts ihre ſo raſch aufgeführten Altäre durch die Anarchie erſchüttert und zermalmt ſind; hier iſt's, wo ſie,
ohne fremde Dazwiſchenkunft, und ohne Heuchelen,
ihr Weyhrauch noch alsdann werden opfern können,
wenn alle falſchen Prieſter eines ſo ſchönen Cultus
einſt nach allen Winden zerſtreut ſeyn mögen!

§. 2.

Von den Prinzipien, die man mit dem Syſteme
der Gleichheit verknüpft. Souverainität des
Volkes. Menſchenrechte.

Indem ich mich nach der angezeigten Abtheilung
bequeme, muß ich noch die Gleichheit in ihren Beziehungen auf die Sittenlehre und auf die Glückſeligkeit
betrachten; vorher aber wiedm' ich noch einige Augenblicke der Unterſuchung über einige wenige Prinzipien, die man an das Syſtem der Gleichheit geknüpft
hat, und die dieſem Syſteme zur Begleitung und zur
Stütze dienen. Denn ſo lange ſie in der Dämmerung
abgezogener Begriffe ſchweben, haben auch noch dieſe
ihren Glanz; ſo bald man ſie aber in die Sphäre der
Wirklichkeit bringen will, leuchten ſie nicht mehr,
und zehren ſich ſelbſt auf.

Man ſagte dem Volke, ohne Zweifel dem ganzen
Volke: Daß es der Souverain ſey, der einzige Souverain, der einzige Herr und Meiſter; und daß folglich die unbedingteſte Gleichheit zwiſchen Menſchen,

zu einem so erhabenen Berufe bestimmt, zwischen Theilhabern an einem so schönen Erbgute, wie die Herrschaft ist — daß diese Gleichheit die buchstäbliche Auslegung eines gemeinschaftlichen Rechtes sey, und die strenge Schlußfolgerung aus dem Fundamentalprinzip aller freyen Verfassungen. Zu Gunsten einer neuen Abstraktion also, zu Gunsten der Souverainität des Volkes, vertheidigte man jene der Gleichheit, oder auch, wenn man lieber will, beyde borgten von einander gegenseitigen Beystand. Denn nicht leicht weiset man in dem Reiche der Chimären einer jeden aus ihnen ihren besondern Platz an.

In der That scheinet nichts so chimärisch, als die Souverainität des Volkes; denn nimmermehr giebt es einen vollkommenen Einklang der Willensmeynungen zwischen den zahlreichen Individuen, aus denen eine grosse Nation zusammengesetzt ist. Diesem Einklange widersteht die Verschiedenheit ihrer Charaktere und ihres Interesse; und wäre ein solches je möglich, so würde das Wort Souverain, das auf eine Beziehung hindeutet, ohne Sinn und Verstand seyn, weil alsdann das Volk über sich selbst souverain wäre. Auch ist es nicht etwa nur, und nicht allein die Unmöglichkeit eines solchen Einklanges aller Willensmeynungen, wodurch die Souverainität des Volkes zur blossen Abstraktion wird ; noch kömmt das Unvermögen hinzu, in welchem sich eine grosse Anzahl von Menschen, in Betreff der öffentlichen Angelegenheiten, einen Willen zu haben, befindet. Die Benennung eines Willens kömmt doch einer einfachen Aeusserung durch blosses Ja oder Nein nicht zu. Die Auswahl zwischen diesen beyden einsylbigten Wörtern macht noch den Willen nicht aus, so lange sie aus Gleichgültigkeit fliesst, oder die Wirkung eines Ohngefährs, oder das Resultat einer blinden Vergötterung von Prinzipien ist, die man nicht begreift; oder solcher Meynungen, welche entweder die Ränkesucht, empfiehlt, oder die Drohung aufbringt. Solche Willensmeynungen gleichen den Zero's hinter den Zahlen. Wenn sich also die Wirksamkeit unsers Willens in unserer Denkkraft auf die Ausübung der Souverainität hinneigt, so kann der Willen ohne ein gewisses Maaß von Kenntnissen, Einsichten und Nachforschungen keineswegs bestehen. Und dieses Maaß besitzen nicht alle Menschen, weil die grössere Anzahl zu ihrer Belehrung und Ausbildung keine Zeit hat. Und was kömmt alsdann heraus, wenn in demselben Lande, wo man die Souverainität des Volkes anerkennt, dagegen in ihrem Namen die Preßfreyheit, und überhaupt die Freyheit zu jeder nur möglichen Mittheilung der Gesinnungen und der Gedanken untersagt wird? Auf solche Weise würde man die Nation nöthigen, nur eine einzige Meynung allein zu erfahren, und das Licht nur von einer Seite allein aufzufassen.

Der revolutionnaire Zustand, welcher der Tyranney zum Vorwande dient, stimmt nicht mit der Hintertreibung der Aufklärung zusammen; denn eine Abänderung der Regierung interessirt die ganze Nation eben so, wie jede andere seiner politischen Lagen; und wenn das Volk der Meister und Herr ist, so darf man es unter keinen Umständen in Finsterniß hüllen, oder ihm das Licht nur zur Hälfte zufliessen lassen. Offenbar also handelt man gegen die Souverainität desselben, wenn man es in seinem eigenen Namen zur Unwissenheit verdammt, oder voraussetzt, daß es selbst diese Unwissenheit als Bedingung seiner höchsten Gewalt verlange. Nicht weniger unverträglich aber, als ein Willen ohne Verstand und Einsicht, ist mit dieser

Souverainität ein Willen ohne Haltung und Richtschnur; nothwendig aber hat der Volkeswillen auch
jenen Charakter. Man hält seinen Stoß und Ungestümm für eine regelmäßige Bewegung, und gleichwohl wird diese Bewegung immer nur durch Leidenschaften bestimmt. Die Menge gleicht den Wogen des
Meeres, die sich immer gemeinschaftlich fortwälzen,
aber beym ersten Winde den Zug ändern. Die Nationen sind vielmehr in ihren Wünschen als in ihrem
Willen beständig. Der Willen allein aber regiert; Er
allein hat einen Bezug auf die Ausübung der Souverainität. Aus der Verwechselung dieser beyden Ausdrücke oder Ideen entspringen grosse Verirrungen.

Laßt uns diesen Satz näher erläutern. Die Menschen bilden z. B. gemeinschaftlich den Wunsch nach
Glückseligkeit und nach der Dauer derselben; und wenn
sie sich einbilden, oder wenn man sie beredet, diese
Glückseligkeit hänge von gewissen allgemeinen Bedingungen ab, so sind diese das Ziel ihrer Wünsche; ihre
Wünsche heften sich an diese sinnbildlichen Zeichen,
als vorgebliche Unterpfänder der öffentlichen Wohlfahrt. Sehr oft also können sich Wünsche vereinigen,
und zwar schlechtweg bloß Wünsche, welche sich um
die Schwirigkeiten nicht im Geringsten bekümmern,
und nach Lust und Willen jeden Zwischenraum, jede
Scheidwand durchbrechen; sehr schwer hingegen verein-
baren sich Willensmeynungen, deren Wirksamkeit genau abgemessen ist, regelmäßig fortschreitet, und immer mit der wirklichen Natur der Dinge im Kampfe
liegt. Auch kann man auf die Ferne hin Wünsche fassen; und gerade ein solcher Standpunkt schickt sich am
beßten für sie; denn indem sie ein weiter Zwischenraum von der Atmosphäre und von dem Wirbel der
Leidenschaften absöndert, bekommen sie mehr Laut-

keit, und sie klären sich auf. Der Willen hingegen, dessen Wirksamkeit nothwendig ununterbrochen fortgehen muß, kann nicht richtig bestimmt werden, wenn sich unser Geist den Gegenständen nicht nähert; wenn er sie nicht erforscht, ihnen nicht folgt, und sie gleichsam unter Augen sieht. Es kann also die allgemeine Vereinigung der Willensmeynungen, ihr Einklang, ihr Bestand niemals die Bedingung der höchsten Gewalt unter Nationen seyn; und nur eine Dichtung ist es, wenn man die Souverainität des Volkes als den Urbegriff, als das ursprüngliche Prinzip aller freyen Regierungen darstellt. Wenn man dieses Prinzip in seiner ganzen Kraft annimmt, so muß es durch Anarchie zum Despotismus führen; und hier bedarf es zu unserer Belehrung nur der Erfahrung. Nachdem einmal die Verfassung selbst, das fränkische Volk zum Souverain erklärt hatte, so beglückwünschte es Jedermann über diese Würde; Jedermann machte ihm damit den Hof, seine Gewalt zu erheben; Jedermann kündigte seine hohen Eigenschaften laut aus; und beym Anhören so vieler Glückwünsche und Lobpreisungen glaubten sich gar bald auch die kleinsten Brüche dieses unermessenen Volkes zu gebieterischer Ausschreibung neuer Gesetze berechtigt. Und warum sollte einem unwissenden Haufen ein solcher Gedanken nicht wirklich zu Kopfe steigen? Sollte die große Menge so leicht begreifen, daß die Souverainität, wegen der man sie beglückwünschte, sich in dem kollektiven Wesen befinde, und nicht in irgend einem von dessen besondern Bestandtheilen? Keinesweges paßt eine so abstrakte Unterscheidung zu der Fassungskraft eines ganzen Volkes; und hätte man ihm die Wahrheit allzudeutlich darlegen wollen, so würde es vielleicht gefragt haben: Wo und wie dieses kollektive Wesen vorhanden sey?

Und es würde sich schlecht damit befriedigt haben, daß nur ein Phantom wäre gekrönt worden. Es gehört demnach das unbedingte Prinzip der Volkssouverainitäten zu allen jenen speculativen Ideen, welche in der Organisation der fränkischen Regierung die Einführung eines heilsamen Gleichgewichtes zwischen den verschiedenen politischen Gewälten hinderten.

Die ersten Gesetzgeber Frankreichs konnten lauter und rein die Volkes-Souverainität nicht als Grundwahrheit anerkennen, und ihren Weg nach dieser Richtschnur einschlagen, ohne daß sie zugleich jeden Zweig der Gewalt ausschliessend und einzig den Delegaten der Nation anvertrauen mußten. Sie hätten gefürchtet, ihren ersten Leuchtthurm aus dem Gesichte zu verlieren, wofern sie durch irgend eine Anordnung den Einfluß des Volkes auf die Regierung und auf die Gesetzgebung würden vermindert haben. Daher vervielfältigten sie auch noch die Municipalobrigkeiten, und die Gerichtshöfe unterwarfen sie einer unaufhörlichen Wiedererneuerung; auf solche Weise machten sie alle Authoritäten abänderlich, und jede Gewalt beschränkten sie auf einen Termin; zuletzt betrachteten sie den Fürsten bloß als ein dienstbares Wesen, oder schlechtweg als einen Beamten, und dem Despotismus bahnten sie durch die Schwäche der Menschen und durch die Verwirrung der Dinge den Weg. Indem man also die Freyheit zwischen die beyden so scharf eingreifenden Prinzipien, die Volks-Souverainität und die unbedingte Gleichheit, stellte, gab man dieser dem Anscheine nach so theuer geliebten Freyheit so wenig Unterstützung, daß man sie vielmehr ihrer besten Kraft beraubte, und ihre Lebensquellen verstopfte. Ein so kostbares und zartes Gewächse wurde demnach unter schmarotzenden Pflanzen niedergedrückt,

welche ihr alle Substanz und jeden Nahrungssaft
entziehen.

Laßt uns nun aber untersuchen, ob man wohl zur
Festsetzung des Souverainitäts-Rechtes, anstatt des
durchgängigen Willens, nicht wenigstens die Mehrheit der Meynungen einführen könnte?

Vorerst bemerk' ich, daß man, ohngeachtet einiger
Verwandtschaft zwischen der Einhelligkeit der Stimmen und ihrer Mehrheit, nicht von der einen dieser
beyden Ideen zu der andern übergehen könne, ohne
in eine ganz verschiedene Sphäre zu fallen. Die Einhelligkeit der Willensmeynungen, und zwar aufgeklärter Willensmeynungen, eine, wenn sie möglich wäre,
beständige Einhelligkeit, würde, wenigstens dem Anscheine nach, ein allgemeines Interesse vermuthen lassen; in einer politischen Gesellschaft aber, wo alle
Glücksgüter und alle Lagen so sehr verschieden sind,
könnte bloß eine Uebermacht der Stimmen noch nicht
zu unbedingter Ausübung der Souverainität berechtigen, wofern man nicht durchaus alle Prinzipien des
Rechtes umstürzen wollte; jene Prinzipien, die der
Souverainität selbst noch vorhergehen, indem diese
letztere nur zu ihren Gunsten erdacht worden. Bey der
Erhebung einer höchsten Authorität hatten die Menschen zur Absicht, daß die Früchte ihrer Arbeit und
die neuentstehenden Eigenthumsgüter gegen die Gierig-
keit des Neides und gegen die Uebergriffe der Gewalt
sichergestellt werden. Sie sahen sogar voraus, daß
einst einer redlichen, aufgeklärten, arbeitsamen Mehrheit eine träge, unwissende oder bestochene nachfolgen,
und daß vielleicht diese darauf bedacht seyn könnte,
die Gesetze der Ordnung zu zerstöhren, oder doch zu
erschüttern; und nun unterstützte man die Souverai-
tät mit jeder Art von Gewalt, die zum Schutz und

Schirme der unwandelbaren Regeln des bürgerlichen Rechtes und der politischen Rechtschaffenheit so nothwendig ist. Nach der Ziehung einer Lotterie frage man nur einmal die Theilnehmer: Ob sie nun der erfolgten Entscheidung ihren Beyfall geben, oder nicht? Und gewiß wird man sehen, daß die Mehrheit der Stimmen die Entscheidung mißbilligt; ganz gewiß wird eine sehr grosse Mehrheit die Loose wieder in den Glücks topf hereinwerfen wollen. Denselben Wunsch würde man nach einem zweyten, nach einem dritten Versuche, kurz, nach jedem thun, der in dem Laufe von Jahren und von Jahrhunderten dem andern nachfolgen würde. Diese Bemerkungen und dieses Beyspiel lassen sich durchaus auf die verschiedenen Theilungen anwenden, welche das Schauspiel der politischen Staaten darstellt. Unaufhörlich würde man in dem gleichen Falle seyn, wofern die Mehrheit sie nach Belieben in Bewegung setzen könnte; unaufhörlich würden weil aus die mehrern Sterblichen eine neue Umwälzung des Glückrades verlangen. Die souveraine Mehrheit also, und die Gleichheit, welche ihr zur Grundlage dienet, zerstöhren alle Ideen der Ordnung, des Rechtes und der Gerechtigkeit. Alles werden sie ändern; Alles umkehren; von Grund aus werden sie die Gesellschaft wieder aufführen, um sie von Neuem umzustürzen, und in Verwirrung zu setzen.

Nur eine Gleichheit des Interesse, eine Gleichheit der Lage, eine Gleichheit der Erziehung — kurz, eine niemals vorhandene Gleichheit berechtigt dazu, daß man die Souverainität der Mehrheit der Stimmen zu kennen darf; keine gesetzgebende Anordnung aber, kein gewaltsamer Schritt, keine Tyranney, können eine dauerhafte Gleichheit gründen. Die Natur selbst also, in wiefern sie uns an Geist, an Kraft und Talenten

ungleich erzeugt, verbietet uns auch die Einführung
der Souverainität der grössern Zahlen — verbietet sie uns
nach ihrer ewigen Weisheit; und gegen ihr unwandel-
bares Gesetz können wir nicht ungehorsam seyn, ohne
daß wir uns einem einheimischen Kriege bloßstellen,
und für immer auf die durchgängigen und allgemeinen
Vortheile Verzicht thun, welche sonst aus der gesellschaftlichen Verbindung der Menschen zu entspringen
pflegen.

Man sagt: Der Zweck der politischen Gesellschaften sey die größte Wohlfahrt aller Staatsbürger.
Wohlfahrt aber ist ein ganz einfaches Gefühl. Also ist
Jeder ohne Ausnahme dazu berufen, über die beßte
Art und Weise, wie man diese Wohlfahrt gründen
soll, seine Stimme zu geben. Ja, ein ganz einfaches
Gefühl ist die Wohlfahrt; aber zur Erreichung derselben sind die Mittel sehr zusammengesetzt. Nothwendig überläßt man die Sorge für das Privatglück den
Individuen selbst, und es bedarf weiter nichts, als
daß man ihre Freyheit in den Krais des Rechtes und
der Gerechtigkeit einschließe; die Sorge für die öffentliche Glückseligkeit hingegen, welche man für das Recht
und für die Pflicht der Souverainität ansehen kann,
diese darf nicht der Mehrheit der Meynungen anvertraut
werden; denn ein höchst schwieriges Geschäft ist die
Leitung einer Glückseligkeit, welche aus Aufopferungen
zusammengesetzt ist, und das Resultat einer beständigen Vergleichung zwischen dem Gegenwärtigen und Zu-
künftigen, zwischen dem Gewissen und dem Wahrschein-
lichen, zwischen dem Bekannten und dem Unbekannten
seyn muß. Ein solches Geschäft, eine solche Wissenschaft schickt sich nur für aufgeklärte Männer; für Männer, welche fähig sind, eine Menge von Verhältnissen
zu umfassen. Wenn man also die allgemeine Vereini-

gung aller Stimmen für die Darstellung der Souverä=
nität, und wenn man die Mehrheit für ihren Ausdruck
annimmt, so wagt man zween Sätze, von denen der
eine chimärisch, und der andere gefährlich ist.

In ihrer Wirklichkeit betrachtet, und nicht bloß in
der Abstraktion, ist die Souverainität eine gemischte
Idee, eine zusammengesetzte Anordnung. Ihre ersten
Elemente sind ewige Vernunft und ewige Gerechtigkeit.

Dieses geben wir zu, wird man sagen; wofern
nur zu jeder Zeit die Mehrheit unserer Stimmen der
einzige Dollmetsch dieser stummen Vernunft, dieser für
sich allein nichts entscheidenden Gerechtigkeit seyn wird.
Aber nein! sie bedürfen noch einer andern Verdollmet=
schung; und die einzige, welche man bey der Haupt=
gründung der öffentlichen Ordnung zulassen kann, ist
die Fackel der Zeit und der Probierstein der Jahrhun=
derte; jene durchgängige Meynung ist es, die sich aus
der Ideenfolge entfaltet, und schon lange vor dieser
Revolutionszeit sich entfaltete, in welcher die Leiden=
schaften so manchen ephemeren Wunsch und Gedanken
ausbrüten. Weit entfernt also, daß der Vernunst,
weit entfernt, daß der Gerechtigkeit die Mehrheit der
Stimmen zur Regel und Richtschnur diene, sind viel=
mehr jene selbst es, die uns mit dem eigentlichen
Werth dieser Mehrheit und mit dem Zutrauen bekannt
machen, welches bey der wichtigen Vorbereitung einer
politischen Verfassung die Zahl der Stimmen verdient.

Vermöge eines Rechtes also, das allem andern
vorgeht, müssen einigermaassen auch die Vernunft und
die Gerechtigkeit bey der Zusammensetzung und Grün=
dung der Souverainität ihre Stellvertreter haben;
und auch hier noch entdeckt man die ganze Weisheit
der Regierungsformen, wo ein Staatskörper, der
von dem Volke, das vermittelst seiner selbstgewählten

Deputirten auf die Gesetzgebung einwirkt, durchaus
unabhängig ist — wo ein solcher von den Leidenschaften des Volkes abgesönderter Staatskörper, und zuweilen entweder ein erbliches oder ein gewähltes Haupt,
an dieser Gesetzgebung durch Mitwirkung oder durch
Sanktion, oder durch Anbahnung (Initiative) Theil
nehmen. Diese verschiedenen vereinigten Gewalten stellen die Souverainität dar, vereinigen ihre Rechte, und
üben ihr Amt aus; und von keiner populairen Meynung, von keiner schnell ändernden Mehrheit hängt's
ab, der Staatsverfassung eine andere Gestalt zu geben, und blindlings die Freyheit in Verwirrung, oder
die Authorität in Tyranney zu verwandeln.

In einem freyen Lande also, in einer wohlgeordneten politischen Gesellschaft, kann die Souverainität
nimmermehr unter jener ganz einfachen Form statthaben. Zwar hat man den Fürsten gesagt: Die Natur
der höchsten Gewalt sey dergestalt einfach; aber mit
diesem Glauben führte man die Tyranney ein. Derselben Sprache hinwieder bediente man sich gegen das
Volk in Frankreich; und mit dieser Sprache wurde
dort ein Gemische von Tyranney und Anarchie verbreitet. Den gleichen Weg schlugen also die Schmeichler des Volkes und die Schmeichler der Könige ein;
und besonders merkwürdig ist es, daß die neuere Philosophie, indem sie es versuchte, sich auf den Gipfel
aller politischen Ideen zu erheben, um von einer größern Höhe ihre metaphysischen Lehren zu verbreiten —
daß gerade sie, wider Wissen und Willen, diese Lehren
mit den Hauptprinzipien des Despotismus vereinigte.

Und was liegt daran, sagt man vielleicht, daß das
Volk für den einzigen Souverain erklärt wird; was
liegt daran, daß man es sogar mit dieser Idee unaufhörlich beschäftigt, wofern es nur keine Beschlüsse

geben, wofern es nur für sich allein keine gesetzgebende
Authorität ausüben kann, ohne den Beystand der
Stellvertretter und ohne ihre förmliche Zwischenkunft?
Und freylich konnte man bey einem zahllosen Haufen
von Souverains ohne stellvertretende Regierungsform
keinesweges zurechte kommen; denn es giebt kein phy-
sisches, kein thunliches Mittel, fünf und zwanzig Millionen Menschen zur Berathschlagung über öffentliche
Angelegenheiten zusammenzuberufen. Indem man aber
mitten unter einem Volke, das man unaufhörlich mit
seiner Souverainität beschäftigt, eine stellvertretende
Gewalt erhob; und indem man zu gleicher Zeit alle
Stufenreihen abschafte, welche eben dieses Volk an
die Ideen von Achtung und Ehrerbietung gewöhnten,
beraubte man seine Stellvertretter des Ansehns, dessen sie doch so nothwendig bedürfen; und gleichsam
nothgezwungen mußten sie durch tyrannische Mittel sich
selbst ein Ansehn geben. Auch ist es für Gesetzgeber,
deren Regierung man auf zwey Jahre und hernach auf
Eines beschränkt hat, ungemein schwierig, zu irgend
einer Zeit persönliches Zutrauen zu erhalten. Die kurze Dauer indeß, auf welche ihre Amtszeit beschränkt
wird, fließt vielleicht nothwendig aus dem Systeme
der unbedingten Gleichheit ab. Denn mitten unter
fünf und zwanzig Millionen Menschen, die einander
ganz gleich sind, vervielfältigen sich die Ansprüche auf
Authorität so sehr, daß man nothwendig die Amtszeit
verkürzen muß, wenn man das ungeduldige Bestreben
der zahlreichen Nachwerber, welche sich in die Regierung eindringen, mäßigen soll. Sämtlich stehen sie
zu diesem Ende an der Thüre, und klopfen mit wiederholten Schlägen an. Man muß also wohl, um ihnen Platz zu machen, die Ersten die Beßten hinein-
gehen lassen. Ich füge sogar hinzu, daß es in dem

Syſteme unbedingter Gleichheit, in einem Syſteme,
wo jede Art von Heraushebung wegfällt, vielleicht
wichtig iſt, daß eine ſtete Wiedererneuerung der Macht=
haber, denſelben für einige Zeit das Verdienſt des
Nichtkennens verſchaffe, und daß auf ſolche Weiſe
um das Haupt eines Jeden ſich wenigſtens ein Stral
von Hoffnung verbreite. Kurz, auch die ſtellvertre=
tende Gewalt bedarf ganz unzweifelhaft, eben ſowohl
als jede andere, des Beyſtandes der Meynung; auch
ſie bedarf eines Gleichgewichtes zwiſchen allen angrei=
fenden Kräften, die ſie umgeben, und zwiſchen allen
Hinderniſſen, die ſie zu bekämpfen hat. Dies iſt eine
Wahrheit, deren man bey Anbahnung einer neuen
geſellſchaftlichen Ordnung in Frankreich entweder nicht
gewahr wurde, oder von der man keinen Gebrauch
machen wollte.

Die feinen Köpfe der gegenwärtigen Zeit betrachte=
ten die ſtellvertretende Gewalt, ſo wie die Gleichheit,
die Freyheit und die Souveraimität des Volkes, nur in
ihren abſoluten Beziehungen; und, indem ihnen eine
ſolche Regierung ganz einfach vorkam, lieſſen ſie alle
Beſtimmungen aus der Acht, die zur Sicherſtellung
ihrer politiſchen Brauchbarkeit hätten dienen können.
Auch bey dieſer Gelegenheit, ſo wie bey mehrern an=
dern, mangelte es nicht an dem Einfluſſe der allgemei=
nen Ausdrücke und bloſſer Wörter; und ſolche leiteten
die Meynung nicht wenig irre. Man beredete ſich,
daß eine ſo geheiſſene ſtellvertretende Regierung den
öffentlichen Wunſch beſtimmt und ſicher genug dar=
ſtelle, um die Nation gegen jede Leitung von Sei=
te des Geſetzgebers geſchmeidig zu machen. Vielleicht
glaubte man, durch eine ſolche politiſche Berechnung
das ſogenannte Syſtem der individuellen Willensmey=
nungen nachzuahmen; eine geheimnißreiche Organiſa=

tion, welche in einer und derselben Person die Herrschaft und den Gehorsam vereinigen möchte. Immer
indeß ist es nur eine willkührlich verabredete Meynung,
nach welcher die so geheissene stellvertrettende Regierung den allgemeinen Wunsch ausdrückt; und noch
keinesweges reicht bloß die Erwählung der Abgeordneten hin, diese Meynung zu gründen und zu erhalten;
sondern man muß damit entweder freye und überdach-
te Unterweisungen unter deutlicher Aeusserung des allgemeinen Willens verbinden; oder ein Eigenthum,
welches zur Verbürgung des Bandes zwischen dem
Interesse der Gesetzgeber und der Nationalwohlfahrt
hinreicht; oder eine Superiorität des Standes und
der Ausbildung, welche durch Ehrfurcht das Zutrauen
gewinnt; oder eine moralische Verantwortung, deren
Evidenz vermittelst der Kleinheit des Staats ausser
Zweifel gesetzt wird.

Von allen diesen wesentlichen Rücksichten aber ist
es keine, welche der unbeschränkten Authorität der stellvertrettenden Versammlung in Frankreich die Unterstützung der Vernunft darreicht. Wo indessen dieses,
wie ich glaube, im Himmel selbst geschriebene Urgesetz
der höchsten Gewalt nicht zum Schilde dient, da wird
diese Gewalt stets genöthigt seyn, sich mit Schreckniß-
sen zu waffnen, und artet dergestalt bald in Despotismus und Tyranney aus. Man schien es übrigens gefühlt zu haben, was der Realität der Stellvertretung
der Nation mangle, indem man bey der Entwerfung
der neufränkischen Regierungsform darauf bedacht war,
dieselbe der Sanktion des Volkes zu unterwerfen; ein
solcher Schritt aber wäre zur Quelle der größten Unordnung und Verwirrung geworden, und nur durch
eine Art von Fiktion nahm man eine derley Sanktion
in den Akt der Konstitution auf. Wohl authorisirte
man

man gegen die Schritte des gesetzgebenden Körpers eine
Art von Reklamation; beschränkte aber, wie ich bereits
gezeigt habe *), diese Reklamation durch Bedingun=
gen, durch welche dieselbe wieder nichtig gemacht wird;
und hätte man ihr durch andere Formen wirkliche Rea=
lität ertheilt, so würde man es sehr bald bereuet ha=
ben. Es war also wohl gethan, daß man dem Volke
kein politisches Vermögen zutheilte, welches sich durch=
aus nicht mit der Ruhe des Staates verträgt; un=
recht hingegen that man, als man zu einem Blends=
werke seine Zuflucht nahm, um für den Augenblick
theils die Gefahren einer gesetzgebenden Gewalt ohne
Gleichgewicht, theils die Schwäche einer Stellvertret=
tung zu verbergen, welche allein auf Wahl gegründet
ist, und die von keiner einzigen Nebenidee jenen Kre=
dit und jenes Ansehn borgt, welche doch zu ihrer Be=
hauptung so nothwendig sind.

Man versicherte uns, die Idee einer stellvertretten=
den Regierung sey eine von den allerschönsten Erfin=
dungen der neuern Zeiten; seit dem Mißbrauche aber,
den man damit treibt, zweifelt man vielleicht, ob sie
auch wirklich so grosse Wunder wirke; mit dem Prin=
zip der Volkssouverainität vereinigt, brachte sie Folgen
hervor, die man wohl nicht leicht voraussehen konnte.
In Frankreich sprach man zu einer kleinen Anzahl von
Erwählten: „Die Ausübung jeder Gewalt soll bey
„Euch stehen; Ihr sollt zugleich Gesetze machen; und
„mitten unter Euern Gebietern sollt Ihr berathschla=
„gen. Unaufhörlich also umgiebt Euch das Volk, und
„ist bey euern Sitzungen zugegen; eure Meynungen

---

*) Diese Worte, wie ich bereits gezeigt habe, beziehen sich
auf die Betrachtungen über die Verfassung vom J. 1793.
die ich aber, wie ich schon erwähnt habe, hier weglasse.

IV.							K

„werden von ihm vorbereitet; es zerlegt sie in einer
„zahllosen Menge von Gesellschaften, Sektionen oder
„Clubbs, welche die Verfassung selbst gutheißt; zuwei=
„len kömmt es auch im Tumulte, und bringt Euch
„seine Willensmeynungen auf, oder durch lautes To=
„ben erinnert es Euch an seine Allgewalt. Niemals
„also Meister über Euch selbst, und unaufhörlich be=
„droht, fühlt Ihr jeden Augenblick den Drang, Euch
„ihm gefällig zu machen, und seinen Leidenschaften zu
„schmeicheln ".

Und was wird alsdann aus der stellvertretenden
Regierung? In der Theorie suchte man den Werth
dieser politischen Idee darinn, daß sie der Verwirrung
des Forum der Römer vorbiegen, und die Wünsche
oder die Willensmeynungen eines grossen Volkes auf
eine regelmäßige und ruhige Weise ausdrücken sollte.
Augenscheinlich aber will dieses Volk, wenigstens das=
jenige, welches uns hier das Beyspiel giebt, da ihm
seine Souverainität immer vorschwebt, die Ausübung
derselben nicht bloß darauf beschränken, Abgeordnete
zu wählen, sie zu bezahlen, und hernach alles gutzu=
finden, was sie befehlen. So erblickt man zweyerley
Authoritäten: Die eine, die stellvertretende, zittert;
die andere, die ursprüngliche, ist kühn und verwe=
gen: Die eine ist regelmäßig, aber neugebohren; die
andere willkürlich, aber unabhängig und selbstständig:
Die eine durch das Gesetz umschränkt; die andere ist un=
bestimmt, schweift aus, und wird nur desto furchtbarer.

Unter solchen Umständen ist die stellvertretende Re=
gierung sehr oft bloß ein eiteles Gespenst; und beynah
sollte man es bedauern, daß das Volk dort seine höch=
ste Gewalt nicht unmittelbar ausübt; denn alsdann
würde es sich doch nicht mehr in der traurigen Noth=
wendigkeit befinden, zu Drohungen und zur Gewalt

that seine Zuflucht zu nehmen, damit man seiner Ho=
heit eingedenk sey. An der Gesetzgebung würde es
alsdann unmittelbar Theil haben; und da sich ohne
Unterschied in allen seinen Beschlüssen sein Ansehn zei=
gen müßte, so könnte es, wie das römische Volk,
sich bald streng, bald großmüthig beweisen; zuweilen
ungestümm, öfters aber voll Eifer für das Gesetz und
die Ordnung; und wenn es sich, von seiner Macht
berauscht, Ungerechtigkeiten erlauben sollte, so würde
es doch eben so durch Aeusserung grosser Tugenden
seine Kraft beweisen. Coriolans Verdienste könnt' es
vergessen, aber den Scipio würde es nach dem Ca=
pitol begleiten; die Gracchen würde es preißgeben,
aber den Publikola in treuem Andenken behalten; den
Camill würde es schrecken und verbannen, aber her=
nach ihn mit neuen Ehrenbezeugungen überhäufen.

Themistocles faßt einen Anschlag von der höch=
sten Wichtigkeit, der seinem Vaterlande die politische
Uebermacht gewähren kann, auf die es so eifersüchtig
ist; der glückliche Erfolg aber hängt von einem tiefen
Geheimnisse ab. Hierüber zu Rathe gezogen, verspre=
chen die Athener, sie wollen blindlings den Anschlag
ihres berühmten Mitbürgers unterstützen, wofern ihn
der tugendhafte Aristides billigen würde. Diesem
letztern entdeckt sich nun Themistocles, und das gan=
ze Volk versammelt sich, damit es die Meynung des
Aristides erfahre. Und nun von der Tribune herab
spricht dieser: „Athener! ungemein nützlich könnte
„Euch der Entwurf des Themistocles seyn, aber er
„verträgt sich nicht mit der Gerechtigkeit". Bey die=
sen Worten, welche uns die Geschichte aufbewahrt
hat, bemächtigt sich Eines und dasselbe Gefühl aller
Gemüther, und einstimmig verwirft man den noch un=
bekannten Vorschlag des Themistocles. Ich suche

nun etwas Aehnliches zwischen der so schönen Regung
eines ganzen Volkes und den Berathschlagungen der
stellvertretenden Versammlung von Frankreich — und
finde es nicht.

O, wenn ohne Abgeordnete, ohne bloß auf kurze
Zeit gewählte Mittelmänner, das neufränkische Volk
sich zur Offenbarung seines Wunsches hätte vereinigen
können — so wäre wenigstens jenes schrecklichste aller
Opfer unterblieben. Gesehen hätt' es — dieses Volk,
daß es seine Gewalt eben so wohl durch ein heiliges
Mitleiden als durch die abscheulichste Strenge an den
Tag legen könnte; und vielleicht würden die Blicke
des Gerechten und die Stimme der Unschuld seine
Auswahl bestimmt haben. Da es in solchem Fall kei=
nen Tadel zu befürchten gehabt, und zur Behauptung
seiner Oberherrschaft keine wilden Leidenschaften hätte
entflammen dürfen, würde es sich ganz seinem eige=
nen Triebe überlassen haben. Nein! bey jenem un=
menschlichen Todesurtheile waret Ihr nicht die Stell=
vertreter dieses Volkes, und Ihr handeltet nicht im
Geist und Sinne desselben. Eines Tages, aber zu spä=
the, wird es darum als die wahren Dollmetscher sei=
ner Gesinnungen, als die einzigen Freunde seines Ruh=
mes blos diejenigen betrachten, welche damals die Sa=
che des Unglücklichsten unter allen Sterblichen verthei=
digt haben.

Laßt uns hieran nicht zweifeln, das versammelte
Volk — in wie fern es nicht von einem zerstöhrenden
Gifte, oder sonst durch unerhörte Umstände ganz und
durchaus verdorben wird — dieses Volk, sag' ich,
würde wechselweise der Vernunft und der Tollheit,
den Grundsätzen der Sittlichkeit und der Gewalt der
Leidenschaften nachgeben, und dergestalt in Masse alle
Tugenden und alle Gebrechen der Menschennatur in

ſich vereinigen. So beſchaffen würde wahrſcheinlich in
allen Ländern das Volk ſeyn, wenn es die geſetzgebende Gewalt ſelbſt und unmittelbar ausüben würde.
Wenn es aber durch das Grundgeſetz des Staates
dieſer Gewalt beraubt iſt, und dennoch zu gleicher
Zeit als der einzige Souverain erklärt wird; wenn
man ſeine Anmaaſſungen beſchränkt, und ſie gleichwohl auf alle Weiſe überſpannt; wenn es ſeinen Abgeordneten gehorchen ſoll, und dennoch unaufhörlich
das Gefühl ſeiner Kräfte in ihm genährt wird, ſo iſt
es immer bereit, ſich zu erheben, und aus der ge-
zwungenen Lage herauszutreten, in welche es die Sta-
tuten ſeiner Agenten geſetzt haben. Bey dem Unvermögen, regelmäßig auf die Verfertigung der Geſetze
einzuwirken, wird es mit Gewaltſamkeit durchbrechen;
aber nur bey ſolchen Gelegenheiten wird es aufſtehen
und laut werden, wo man von ausſchweifender Wuth
Gebrauch machen kann. Kurz, ſouverain (dieſes ſagt
man ihm) und gleichwohl jedes konſtitutionellen Mit-
tels beraubt, thätiger Weiſe entweder Geſinnungen
der Gerechtigkeit oder Geſinnungen der Güte zu äuſſern, greift es zu Drohungen und Schreckmitteln,
um in der Regierung des Staates auch ſeinen Rang
zu haben, und eine Role zu ſpielen.

Die Erfahrung, wie ich nicht zweifeln darf, würde
dieſe moraliſche Wahrheit beſtätigen, wofern man
plötzlich die Scheidwand aufheben könnte, welche die
fränkiſchen Geſetzgeber von ihren Zuhörern, ihren
Hütern und Richtern abſöndert. Das Bedürfniß, welches gegenwärtig die Einen haben, das Anſehn ihrer
paßiven Authorität zu erhöhen, und die Furcht der
Andern, daß ſie nicht denjenigen Grad der Heftigkeit
erreichen, welcher ihnen die Gunſt der Tribunen zu-
ſichert, dieſe gegenſeitigen Beweggründe um ſich der

Schreckmittel und wilder Wuth zu bedienen, würden
ohne Kraft seyn, so bald, nach dem Beyspiele der
alten Freystaaten von Italien und Griechenland,
die Staatsbürger ohne Stellvertretter, ohne Mittelmänner, ihre Stimmen insgemein ertheilen könnten.
Aus diesen Bemerkungen aber will ich darum nicht
folgern, daß die politische Verfassung von Athen oder
Rom auch auf Frankreich anwendbar seyn dürfte.
Ein zahlreiches Volk von lauter freyen Männern *kann*
sich zur Verfertigung der Gesetze nicht auf dem öffentlichen Marktplatze versammeln. Deswegen aber hätte
man nichts desto minder auf die Unbequemlichkeiten
einer ganz und durchaus stellvertrettenden Regierung
ebenfalls Acht schlagen sollen. Weit entfernt also,
diese Idee bloß in ihrer theoretischen Einfalt aufzufassen; weit entfernt, sie ohne einige Besorgniß so
wohl mit dem übertriebenen Prinzip der Volkssouve-
rainetät als mit dem noch gefährlichern der völligen
Gleichheit, und endlich vollends mit dem Prinzip einer ungetheilten Authorität mitten unter fünf und zwanzig Millionen Menschen zu vereinigen, hätte man voraussehen und erwägen sollen, daß eine unbedachtsame
Mischung der einfachsten Bestandtheile in der Politik
nicht weniger gefährlich, als in der Chymie, werden kann.

Nicht so benahmen sich weder die Engländer noch
die Amerikaner. Die Erstern vertheilten die Stellver-
trettung der Nation unter verschiedene Gewälte; die
Letztern die Gewalt unter mehrere Staaten. Bey der
Annahme einer stellvertrettenden Regierung also ließen
es beyde Nationen nicht aus der Acht, entweder ihr
ein solches Ansehn zu verschaffen, das ihrem Berufe
angemessen war, oder hinwieder ihr Geschäft so zu
bestimmen, wie es sich mit ihrem Ansehn vertrug,

Und doch waren dieß Staaten von einer mittelmäßigen Bevölkerung, welche auf ein so weises Verhältniß fielen: Frankreich hingegen, um für fünf und
zwanzig Millionen Menschen Gesetze zu geben; um für
ein so grosses Volk eine politische Verfassung zu gründen — Frankreich setzte alles sein Vertrauen auf eine
Reihe metaphysischer Ideen, wodurch die Stellvertretung der Nation zur Chimäre gemacht wird; denn
es bedarf hypothetischer Klügeleyen, wenn man zwischen dem allgemeinen Wunsche und einer solchen Stell-
vertrettung Uebereinstimmung finden soll.

In der That — wiederholt und zusammengefaßt
sag' ich's: Vorerst setzt man voraus, daß in Betreff
der öffentlichen Angelegenheiten die grosse Masse der
Nation einen Willen haben könne, während daß gleichwohl ohne Einsicht und ohne Aufklärung kein Willen
statthat. Hierauf nimmt man an, daß die Univer-
salität des Volkes, welche zu gleicher Zeit chimärisch
und souverain ist, gesetzmäßig ihren Plan an die
Mehrheit der Meynungen abtreten könne; und doch
wird diese Mehrheit eine Quelle der Ungerechtigkeit,
wofern man sie mitten unter Menschen von so verschiedener Lage und von so entgegengesetztem Interesse zur
Richtschnur der Entscheidung macht. Eben so nimmt
man an, daß diese Mehrheit, deren Daseyn kein siche-
res Merkmal verbürget, nichts desto weniger durch
eine Mehrheit von Stimmen dargestellt werde, herausgezogen aus einer kleinen Anzahl von gewählten,
und noch dazu in der zwoten und dritten Generation
gewählten Personen, welche doch die Nation selbst keineswegs nach eigenem Wunsche und Willen zu ihren
Machthabern ernennt hat. Wenn endlich diese Anzahl von Gewählten, wohl auch auf zweyhundert beschränkt, das Recht hat, so wie in Frankreich, im

Namen der Nation Gesetze zu machen, so kann es begegnen, daß die Meynung von hundert und einem
Votanten die Willensmeynung von fünf und zwanzig
Millionen Menschen (wahrscheinlicher noch von sieben
und zwanzig) darstellt; also in dem Verhältniß Eines
denkenden Wesens zu zweyhundert sieben und sechzig
tausenden. Welche Versetzung! Welcher Abstand von
dem Wirklichen zum bloß Figürlichen!

Als sich die französischen Monarchen von Got-
tes Gnaden Könige nannten, erhob man sich gegen
diesen Titel ihrer Gewalt. Und doch ganz gewiß gehört es auch zu den Mysterien, im Namen eines ganzen Volkes Gesetze zu geben. Umsonst aber würde in
neuern Zeiten ein französischer Monarch den theo-
cratischen Ursprung seiner Macht zur Rechtfertigung
seines Despotismus gelten zu machen versuchen; itzt
hingegen, da sich, vermöge einer andern Art von
Mysticism' die Abgeordneten bey dem Convente, in
ihrer Eigenschaft von Stellvertretern des Volkes,
Herren und absolute Herren nennen — gegenwärtig,
sag' ich, schweigt Jedermann, und ist noch vor Ver-
wunderung außer sich. Fürtreflich findet man den
Titel, unzweifelhaft den Beweis, und nicht den geringsten Unterschied zwischen einer gesammten Nation
und den Gewählten einiger Gewählten der Urversamm-
lungen. Wenn also, meine Herren! diese Gewählten
Euer Gut verschwenden, so verschwendet Ihr selbst
dieses Gut; wenn sie Euch ins Gefängniß werfen, so
entzieht Ihr selbst Euch dem Tageslicht. Immer stehen sie an Eurer statt, diese Gewählten; ganz genau
und vollkommen existirt Ihr bloß in ihnen. Ihr Interesse, ihr Willen sind die eurigen, und von Seite
dieser neuen Menechmen scheint Euch jeder Mißbrauch
der Gewalt unmöglich. Welche Gläubigkeit! Welches

Zutrauen! Und bey Menschen, die im Stande sind, zu denken und zu überlegen! Und immer ist es das Wort Stellvertreter, das Euch ein so blindes Zutrauen einflößt. Dieses Wort stellt Euch ein zweytes Ich vor; ist Euch mehr als ein Freund, ein Freund bis in den Tod; und dieses andere Ich entsteht gleichwohl so plötzlich, und in einem Augenblicke; öfters aufs Wort hin und mitten unter dem Tumulte einer Volksversammlung. Gewiß muß eine solche Nation auf ihre Souverainität nicht stolz seyn; und wenn man sie mit dieser Souverainität dergestalt so unbestimmt schalten, wenn man sie vor einer kleinen Anzahl Partikularen hinknieen sieht, welche auf einmal den höchsten Rang einnehmen, und von denen vorher kaum ihr Namen und Beynamen bekannt war, so sollte man glauben, diese Nation hätte an eben dem Tage, wo sie sich krönen ließ, schon wieder ihre Krone niedergelegt.

Zu den Abstraktionen, deren man sich zur Gründung und Verbreitung des neuen Systemes der politischen Gleichheit am meisten bediente, gehört hiernächst auch die Lehre von den Menschenrechten. Wenn man sich aber in Gedanken in eine Zeit versetzt, wo die Gesellschaften noch nicht gegründet und noch keine Gesetze vorhanden waren, so kann man nur gleichsam unter Durchwühlung der Archiven der Natur seine Rechtstitel hervorgraben. Diese Archive inzwischen bildet das Weltall; dasselbe ist der majestätvolle Schatz der Gedanken des Schöpfers. Aber da entdecken wir nirgends das Beyspiel oder das Vorbild jener Gleichheit, die wir auf die Benennung der Menschenrechte, auf die gesellschaftliche Organisation anzuwenden vermögten. Vielmehr stellt der Schauplatz der Welt unsern Blicken ein harmoniereiches Gemische von Verschiedenheit und Contrasten dar. Nichts ist da einför-

mig; nichts gleicht dem andern; und das erstaunens=
würdigste von allen Wundern, die Organisation des
Menschengeschlechtes, macht wohl von diesem allge=
meinen Gesetze keine Ausnahme. Unendlich viel Man=
nigfaltigkeit hat jene Organisation, und zahllos sind
die Stufen ihrer Vervollkommnung. Ungleich sind die
Menschen, wesentlich verschieden sind sie so wohl in
der äussern Gestalt als in Ansehung ihrer Geistesfä=
higkeiten und aller Bestandtheile ihrer moralischen
Macht und ihrer physischen Kräfte. Auch noch für
sich, besonders betrachtet, ist überdies jedes Indivi=
duum nach der Verschiedenheit seines Lebensalters ver=
schieden; in diesen verschiedenen Lebensaltern ändert
es gleichsam seine Person. Das Kind, der erwachsene
Mann, der Greis, sind eben so viele einander frem=
de, und bloß durch das geheimnißreiche Band des
Bewußtseyns in derselben Person wieder vereinigte
Menschen. Ihre Ideen, ihr Geschmack, ihre Nei=
gungen und Bedürfnisse, Alles ändert bey ihnen mit
den Jahren; während der Dauer ihres Daseyns *leben*
sie nie unter dem gleichen Zeichen. Gleichheit, Gleich=
förmigkeit schicken sich, wie es scheint, bey der gan=
zen Beschaffenheit des Menschen nur in den Anfängen
seines Lebens; eine Gleichheit aber, die sich nur auf
unsere gänzliche Blöße und äusserste Schwäche grün=
det, giebt uns wohl über unsere Rechte so wenig
Licht, daß sie uns vielmehr auf Ideen der Abhängig=
keit zurückführt, und schon bey unserer Geburth die
Nothwendigkeit einer Suprematie uns kund macht;
weil wir ohne sie, ohne diese wohlthätige Anordnung
der Natur nur darum aus dem Schoosse des Nichts
hervorgegangen wären, um ein Paar Augenblicke her=
nach wieder ins Nichts zurückzusinken. Vermöge ei=
ner bemerkenswerthen Sonderbarkeit also wäre es ei=

Schutz und Schirm derjenigen Gönner und Wohlthä=
ter, welche uns bey Erblickung des Tageslichtes um=
geben — ihr Schutz wäre es, sag' ich, der uns das
Mittel an die Hand geben mußte, eines Tages zu
Gunsten des Undankes und der Gleichheit zu eifern! —
In ihrem ersten Ursprunge demnach sind unsere Rechte
dem Systeme der Gleichheit nicht günstig. Freylich
hat die Natur das Glück der Menschen aus ähnlichen
Elementen zusammengesetzt, wenn sie gleich dieselben
von einander unterscheidet, nach freyer Willkür sie
bildet und zeichnet, und, so zu sagen, auf einer
unermessenen Stufenleiter an Geist und Schönheit,
an Kraft und Talenten sie aufstellt. Sie mußte die=
selben gleich zu machen, theils in Ansehung des sinn=
lichen Vergnügens, theils vermittelst des allgemeinen
Geschenkes der Hoffnung und der Einbildungskraft.
Und wenn überdem bey aller Verschiedenheit der Loose
in der Vertheilung andrer der kostbarsten Güter uns=
sers Geschlechtes immer doch ein ähnliches Maaß von
Glückseligkeit stattfinden kann, warum sollten wir uns
vollends über Abstufungen und Schattirungen des Ran=
ges, also über Unterscheidungen beunruhigen, die uns=
ser eigen Werk sind, und ihren ganzen Werth bloß
von uns selbst erhalten? Kaum berühren sie die Ober=
fläche unsers Wesens; und gleichwohl beklagt man sich
mit Emphase darüber, als über eine Verletzung des
ersten Grundsatzes der Menschenrechte, eines ewig ver=
ehrenswürdigen Grundsatzes, der aber unter der Obhut
der Sittenlehre weit sicherer, als unter dem Schilde ei=
ner geschwätzigen Philosophie ruhet, welche für die An=
wendung allgemeiner Ideen eben so gleichgültig, als
hingegen für die Ausbreitung ihrer Theorie so eifrig ist.
Ach! wie viel Unheil haben nicht allgemeine Ideen
in ihrer Ueberspannung schon erzeuget, und sich, un=

ter ihren luftigen, verworrenen, unbeſtimmten Geſtalten gleich Phantomen unſrer bemeiſtert. Denn ſo allein konnt' es geſchehen, daß der abgezogene Begriff der Freyheit, der abgezogene Begriff der Gleichheit, der abgezogene Begriff der Volksſouverainität, der abgezogene Begriff der Menſchenrechte, die Huldigung und die Treue eines leichtgläubigen Volkes für ſich gewinnen mochten.

Doch, wofern man nur dieſelbe Ehre auch noch andern allgemeinen Prinzipien erwieſen — wofern man nur in die Reihe politiſcher Jdeen auch noch die Menſchlichkeit, die Gerechtigkeit und die allgemeine Sittenlehre geſetzt hätte, alsdann würde man ſich an ewige Wahrheiten gehalten haben; und ſo wäre man weniger in Gefahr gerathen, ſich, wie es nun geſchehen iſt, von bloß ſpekulativen Meynungen hinreiſſen zu laſſen. Allein die Wichtigkeit jener Wahrheiten war bereits anerkannt, und ihr Ruhm hieng weiter von Niemandem ab: Grundes genug, warum ſie von Männern hintangeſetzt wurden, welche den Anfang von Allem nur aus ihrem Geiſte ſchöpfen wollten; auch begnügte man ſich wirklich, ſie bey dem Eingange der neufränkiſchen Verfaſſung als eine alte Verzierung nur ſo hinzuwerfen; Wirkſamkeit und Leben hingegen gab man keinen andern, als ganz neuen Begriffen.

Nicht genug kann man es ſagen: Mitten in einer Welt, die in moraliſchem und phyſiſchem Sinn ſo zuſammengeſetzt iſt, wie die unſrige, ſollten ganz einfache Prinzipien denkenden Menſchen einiges Mißtrauen einflößen; denn in der ganzen ſichtbaren Natur führt uns nichts auf ſolche Begriffe. Als Zuſchauer befinden wir uns an dem äuſſerſten Ende des geheimnißreichſten, des verwickelteſten Werkes, als

wegen seiner unendlichen Mannigfaltigkeit gleichsam
schon in den kleinsten Theilen unsere ganze Aufmerksamkeit erschöpft; und dennoch wollen wir auf spekulative Einheiten das zurückbringen, was uns doch
nicht unter dieser Ansicht dargestellt wird, was nicht in
einem solchen Geiste gebildet worden; kurz, was nirgends als einfach erscheint, als in der undurchdring-
lichen Vorstellungskraft des höchsten Urhebers der allgemeinen Harmonie.

Die Stralen des Lichtes liefern tausendfach ab-
geänderte Farbenschattirungen, je nachdem ihre Bre-
chung so oder anders von dem Gewölke bestimmt wird,
durch das sie zu uns gelangen. Gleiche Bewandtniß
hat es mit jenen ersten Prinzipien, aus denen wir,
vermittelst unsers Nachdenkens, das Wesen der moralischen Schöpfung zusammensetzen: Nicht so, wie
sie in der Abstraktion liegen, muß man sie ansehen;
sondern so, wie sie bis zu uns gelangen; so wie sie
sich unter den gesellschaftlichen Anordnungen und mitten unter den sich durchkreutzenden Angelegenheiten
und Leidenschaften umändern.

§. 3.

Von der Gleichheit in ihrer Beziehung auf Glück-seligkeit und Sittlichkeit.

Dieselben Menschen, die sich in ihren politischen
Meynungen durch allgemeine Maximen, durch abgezogene Begriffe, durch schwankende und weit über
den gesellschaftlichen Umkrais hinaus gehende Ideen
leiten lassen — eben diese Menschen schlagen einen
ganz entgegengesetzten Weg ein, so bald sie über
das Verhältniß zwischen der Glückseligkeit und dem
Systeme der Gleichheit urtheilen. Alsdann fassen und

beschränken sie diese grosse Frage weit enger, und unterwerfen dieselbe den kleinlichen Berechnungen der Eifersucht und den Spitzfindigkeiten der Eigenliebe. Ihre Philosophie, welche in dem hohen gesetzgebenden Geiste das itzige Menschengeschlecht und die spätere Nachwelt, welche Europa und die ganze übrige Welt, und Himmel und Erde umfaßte — auf einmal scheint diese Philosophie, wenn es um den Einfluß der Gleichheit auf unsere moralischen Empfindungen zu thun ist, von allen Banden der Angewöhnung, und von den gemeinsten Vorurtheilen gefesselt. Mit dem ganzen unwissenden grossen Haufen, betrachtet sie alsdann die Abstufungen des Ranges als eine Leiter zur Glückseligkeit, während daß sie ein aufmerksamer Beobachter bloß als eine von den Bewegungen, als eine von den Angelegenheiten des Lebens ansieht; während daß sie in der moralischen Schöpfung eben das wirken, was die Verschiedenheiten und mannigfaltigen Spiele in dem Naturreiche, welche die Landschaft beleben, und zugleich die Geschäftigkeit und die Freuden unsrer Einbildungskraft unterhalten.

Ihr liebt, Ihr ehrt die Metaphysik, und gewiß habt Ihr derselben grosse Opfer gebracht; folgt mir also für einen Augenblick auch auf dieses Feld meiner Betrachtungen.

Der Sterbliche, der sich in Ansehung der sinnlichen Vergnügungen niedrigern Geschöpfen nähert, verschlingt die langen Zwischenräume, wodurch die einzelnen Momente des Genusses von einander getrennt werden, keinesweges, wie die niedrigen Geschöpfe, in lethargischer Ruhe. Mit der Kraft der Vorausschung begabt, lebt er nie ohne Hinsicht auf die Zukunft; in dieser lebt er jedesmal ganz, so oft nicht irgend eine Arbeit ausschliessend seine Aufmerksamkeit fesselt; und

selbst diese Arbeit, welche unaufhörlich von einer Reihe Zerstreuungen begleitet ist, beschäftigt ihn, ohne daß
er in dem kommenden Augenblicke daran denkt; und
vielleicht lebt er in dem gegenwärtigen nur dem Scheine nach. Wenn es indeß wahr ist, daß vermöge seiner moralischen Organisation der Mensch unaufhörlich
mit Gegenständen beschäftigt ist, die noch nicht sind,
so ist die Einbildungskraft, welche ihm dieselben darstellt und sie vereinigt, die Hauptquelle seiner Leiden
und seiner Freuden. Wesentlich also gehört es zu seiner Glückseligkeit, daß diese Einbildungskraft, die Leit-
schnur seiner Handlungen und die Regentin seines Lebens, geschickt geleitet werde. Um aber dahin zu gelangen, muß man sie kennen, muß man sie studieren;
und der erste Charakterzug, den man bey ihr gewahr
wird, ist eine ausserordentliche Biegsamkeit. Wirklich
bemerkt man, daß sie sich nicht nur von allen Seiten
bewegt, sondern daß sie sich auch nach den Richtungen
der Angewöhnung ausdehnt oder verengert. Denn so
sehr richtet sie sich nach allen Gegenständen der Hoffnung und Furcht, daß die kleinsten wie die größten
gleicher Weise ihre Fassungskraft anfüllen; daher genießen der Schuljunge bey der Erlangung einer Schul-
prämie, und der unbekannteste von allen Schöngeistern
bey Beklatschung seiner ersten Verse, eben so viel Vergnügen, als der siegreiche Held nach dem Tage der
Schlacht.

Ohne Zweifel ist es schwer, in alle Geheimnisse
unserer geistigen Natur einzudringen, und es giebt
keine Wagschale zur Vergleichung aller feinen und zarten Empfindungen, aus denen unsere Glückseligkeit zusammengesetzt ist. Nichts desto weniger entgeht uns
der Unterschied nicht. Nur einer sanften Bewegung
bedarf unsere Einbildungskraft; sie bedarf vielmehr ei-

ner perspectivischen Galerie, als eines Schauspieles
oder Gemähldes, dessen Umfang sich weit und breit
ausdehnt; und nicht ohne sanfte Farbenmischung muß
unser moralisches Landschaftsgemählde gezeichnet seyn.
Daher sind unter allen Resultaten der gesellschaftlichen
Einrichtung die Abstufungen des Ranges und der
Glücksgüter unserer Natur am meisten angemessen. So=
wohl durch die Achtsamkeiten, welche wir erweisen,
als durch die, welche wir erhalten, werden wir auf
gleiche Art belebt und in Bewegung gesetzt; sie stehen
alle in Verbindung mit unsern Hoffnungen, und das
Spiel unsers Lebens besteht ganz im Umtausche. So=
gar in dem Augenblicke, wo die Gleichheit den größten
Reiz hat, dankt vielleicht auch sie ihren Hauptzauber
der Ungleichheit, welche ihr vorhergieng, oder den Ideen
der Neuheit, die sie begleiten. Kurz, bey aufmerksa=
mer Prüfung unsers verschiedenen moralischen Genus=
ses werden wir finden, daß er beynahe immer auf ein
System der Abstufungen Bezug hat. Unmittelbar auf
ein solches System beziehen sich z. B. das Gefühl und
die Regungen der Bewunderung. Und wie könnten
das Mitleiden, die Herzensgüte, die Erkenntlichkeit,
aus denen für welch geschaffene Seelen so viel süsser
Genuß fließt — wie könnten sie uns so hoch beseligen,
wenn keine Superiorität stattfinden, wenn in unsern
Verhältnissen Alles gleich seyn sollte? Selbst die Lie=
be, diese unabhängigste von unsern Leidenschaften, er=
hebt sich wechselweise zur Herrschaft, und unterwirft
sich der Sklaverey; öfters verschwinden ihre Seligkei=
ten gerade in dem Augenblicke, wo der Kampf und
der Triumph zu Ende gehen; in dem Augenblicke, wo
Gewöhnung Gleichheit hervorbringt. Auch noch die
Zeit, in wiefern wir sie in Verbindung mit unserer
Glückseligkeit betrachten — auch sie noch erscheint uns

unter einer Art von hierarchischer Gestalt, unter welcher die Zukunft die Gegenwart beherrscht, und die Hoffnung sich unaufhörlich über die Wirklichkeit erhebt. Kurz, unsere Verhältnisse mit dem Menschen und mit andern Wesen, mit den äussern Dingen, mit unsern eignen Gedanken, Alles stellt sich uns unter der Ansicht einer Abstufung dar; denn keines läuft dem andern gleich. Und so vielleicht bilden die zahllosen Wesen, aus denen das Weltall zusammengesetzt ist, in ihrer Entfaltung jene unermeßliche Kette, welche den letzten von allen beseelten Atomen an den schaffenden Geist so vieler Wunder anschließt.

Ach! wie klein scheint nicht bey dieser grossen Idee der Erdensohn, wie äusserst kleinlich nicht, oder wenigstens wie beschränkt in seiner Weisheit, wenn er über noch so unbedeutende konventionelle Ungleichheiten ein so lautes Geschrey macht, und sich gegen dieselben mit so viel Eifer erhebt; kurz, wenn er auf die Abschaffung der gesellschaftlichen Abstufungen, dieser leichten, flüchtigen Schattierungen in dem Systeme der Welt, ein so hohes Gewicht legt.

Nicht ohne Unmuth gehe ich von diesen allgemeinen Betrachtungen zu den besondern über, welche meinen Gegenstand näher berühren; denn nur zu deutlich entdeckt man alsdann die gefährlichen Thorheiten, zu denen unseliger Weise eine einzige neue Meynung verleiten kann.

Bereits haben wir es bewiesen: Zum Glücke des Menschen sey es eben nicht nothwendig, daß man alle Schranken umwerfe, und daß man im Namen der Gleichheit jede Bahn öffne. Für den Sterblichen ist es genug, wenn er auf seinem Pfade nur irgend einen Gegenstand des Ehrgeizes, nur irgend einen Stral

IV.   L

der Hoffnung erblickt; genug, wenn nur eine Aussicht
seine Wirksamkeit unterhält, und so ihn von dem
Hinschmachten unter einem Leben voll Monotonie und
ohne weitere Aussicht verwahrt. Diese Bedingung aber
erfüllen eben jene Abstufungen des Ranges und der
Glücksgüter, indem sie in unserer Mitte ein durchgängiges Interesse erregen; und hier müssen wir bemerken, daß dieses Interesse von solcher Natur ist,
daß man es leicht in die gehörigen Schranken einschließ-
sen kann. Wesentlich ist diese Bemerkung; denn zur
Ruhe des Staates ist es von der höchsten Wichtigkeit, daß die Einbildung, diese nie müde Strebkraft,
nicht anders als stufenweise beschäftigt werde; von
der höchsten Wichtigkeit ist es, daß sie täglich mit
Schwierigkeiten zu kämpfen habe; aus Besorgniß, ihr
Ungestüm mögte sonst grosse Gefahr bringen; aus Besorgniß, daß, wofern sie zu schnell den ihr geöffneten Raum durchfliege, sie auf Gerathewohl um-
kehre, und alsdann ohne Leitung und ohne Zurückhaltung, anstatt die Menschen und die Gesellschaft bloß
sanft erwärmend zu beleben, überall Unordnung und
Verwirrung verbreite. So setzen Gebirge, Hügel und
Waldungen dem Sturme der Winde eine Brustwehr
entgegen, und unaufhörlich verbreiten auf solche Weise die Lüfte den wohlthätigsten Einfluß; sie bewegen
die Gewächse; sie wiegen die Zweige der Bäume, und
geben allen Pflanzen mehr Lebenskraft; wenn sie aber
die Schranken durchbrechen, wenn die Natur ihre Bewegung nicht länger durch Hindernisse mäßigt und
aufhält, wenn sie ganz zügellos entweder über die
weite Fläche des Oceans oder über Africa's Sand-
wüsten daherfahren, so lernt man sie alsdann nur
durch ihre Wuth kennen; und bald unter drohenden
Wirbelwinden, bald unter Wolkenbrüchen, bald unter

anbern fürchterlichen Lufterscheinungen stürzen sie mit
der heftigsten Gewalt los.

Laßt uns die Beziehung dieser Ideen auf die vor
uns liegende Frage noch einmal kurz überschauen. Die
Verschiedenheiten des Ranges, der Unterschied der Erziehung, der Glücksgüter, des Standes; die Aeusserungen der Ehrfurcht und Achtsamkeit — so viele natürliche Wirkungen jener Verabredungen, Gebräuche und
Gewohnheiten, so wie überhaupt auch das Bedürfniß
und der Wunsch zu gefallen — ein Wunsch, der sich
mit jedem Augenblicke erneuert — kurz, alle diese Verhältnisse unterhielten unter den Menschen eine unaufhörliche Bewegung, und ohne Gefahr vervielfältigten
und änderten sie ihr Geschäft und ihre fernern Aussichten. Auf solche Weise mischte der grössere Theil einer Nation, deren Leidenschaften alle furchtbar sind,
in die täglichen Berufspflichten einen bescheidenen Ehr-
geiß, eine flüchtige Hoffnung, eine gesellige Eitelkeit;
und für die Ruhmbegierde grosser Talente gab es mitten in der Gesellschaft eine Bewegung, ganz angemessen der Vielseitigkeit unserer Natur und der zahllosen
Abstufungen unserer Kenntnisse und Fähigkeiten.

Ohne Zweifel konnte sich unter der Leitung eines
geschickten Gesetzgebers dieses moralische System mit
der grösten bürgerlichen und politischen Freyheit, und
selbst mit der erhabensten Menschenwürde gar gut vertragen; und solchen Personen, die sich durch ihre Erziehung und Einsicht am meisten auszeichnen, mußte
man die Stellvertretung des Menschengeschlechtes anvertrauen, wenn es sich mit aller Hoheit entfalten,
wenn es sich ehrenvoll und ohne einige Täuschung,
so wie ohne Prahlerey behaupten sollte. Sobald hingegen völlige Gleichheit eingeführt, sobald sie durch
alle politischen Anstalten und Gebräuche geweihet wird

sobald sie ein Glaubensartikel und ein Prinzip der Erziehung geworden, so versetzt sich unter solchen Umständen der Sterbliche an die letzte Grenze einer Laufbahn, zu deren verschiedenen Stationen er auf dem Wege des Lebens nur langsam hätte fortschreiten sollen. Schon bey seiner Geburth ist vor ihm alles geebnet, wenigstens alles offen; alles scheint ihm erreichbar; bevor er noch die Richtschnur kennen gelernt hat, hat er sie bereits übersprungen; abgeschüttelt hat er die Bande, noch ehe er sie gefühlt hat. Frey und unabhängig in der Kraft des reifern Alters und in voller Wirksamkeit seines Lebens, ergreift er mit der ganzen Gewalt seiner Einbildungskraft die politischen Ideen; auf diese heften sich alsdann seine ganze Denkkraft, sein ganzer Ehrgeitz, und sehr bald verlangt auch er seinen Antheil an jeder Gewalt, oder er läßt sich in jenen Krieg anwerben, den man gegen die Regierung und gegen die Gesetze zu unternehmen Lust hat; denn Streithändel und Tumulte bedarf derjenige, der die Laufbahn des Lebens mit der Gleichheit beginnt, und der niemals weder durch die Bande der Ehrfurcht, noch durch Angewöhnung an Achtsamkeit, noch durch irgend ein Gefühl des Anstandes beschränkt wird.

Wenn man nun den Einfluß der neuen Prinzipien der Gleichheit auf die Glückseligkeit aus einem weitern Gesichtspunkte ansieht, so frägt man sich: Wie die Masse dieser Glückseligkeit wohl auch durch die Einwirkung eines Systemes vermehrt werden könne, welches sich überall nicht weder mit der öffentlichen Ordnung, noch mit der Freyheit, noch mit der persönlichen Sicherheit verträgt? Entweder muß man also die Vortheile bezweifeln, welche aus der gesellschaftlichen Ordnung entstehen, oder man muß die Rangordnungen zugeben, durch die jede grosse politische Verbindung unterstützt werden soll; man muß in die Wälder zurückkehren, aus denen unsere Vorältern hervorgiengen; man muß wieder in den Wildnissen hin und her irren — oder sich zu denjenigen Einrichtungen bequemen, ohne die man nimmermehr in regelmäßiger Gemeinschaft leben kann.

Ich weiß es, mehrere Anhänger der unbedingten Gleichheit sagen: Wir fühlen den Werth der Ordnung und Freyheit, den Werth der Gerechtigkeit und der persönlichen Sicherheit; kurz, den unschätzbaren Werth der innern Ruhe und der gesellschaftlichen Harmonie; keines von diesen Gütern aber kann uns wegen der Kränkung schadlos halten, die uns der Anblick der geringsten Superiorität verursacht, in wiefern sie nicht unser eigen Werk ist und sogleich wie der Blitz wieder verschwindet. Vielleicht, setzt man wohl etwa noch hinzu, vielleicht ist's von unserer Seite ein Selbstgefühl, ein Hochgefühl, das zu weit geht; aber es liegt nun einmal in unserer Natur.

O nein, meine Herren! so schön und erhaben ist dieses Selbstgefühl nicht, wie Sie glauben; und man kann Ihnen etwas ganz anderes vorwerfen, als ein Uebermaaß von Vollkommenheit. Wenn Ihnen jede noch so unbedeutende Unterscheidung so sehr zuwider ist, so geschieht's aus dem Geiste der Eitelkeit. Nur von diesem kleinen Tyrannen seyd Ihr besessen; und Eure Verzierung mag noch so künstlich seyn, so verräth sie nichts desto weniger Eure Schwachheit.

Wie seltsam sind nicht die eigensinnigen Launen des Menschen! Mitten unter allen Arten von Ungleichheit wandert er auf seiner Lebensbahn fort: Unter den Verschiedenheiten der Bildung, des Geistes, der Talente; unter denen der Einsichten, des Gedächtnisses, der Voraussehung; unter denen der Erziehung und der Glücksgüter; unter den Verschiedenheiten endlich der

Leibesstärke und der Gesundheit! Er unterwirft sich,
und anerkennt wenigstens diese reellen Verschiedenheiten; nur eine durchaus ideale Superiorität, jene nämlich des Ranges und Standes, will er nicht dulden;
dies will er nicht, und, um sie aufzuheben, stellt er
die öffentliche Ordnung, so wie die Freyheit, den gröss-
ten Gefahren bloß; er erschüttert die Grundpfeiler der
gesellschaftlichen Harmonie, und indem er die Winke
der Erfahrung verlacht, ist er bereit, einer Chimäre
wegen die Ordnung der Welt umzukehren. Zu allen
Zeiten sagte man es, und gleichwohl glaubt man es
noch nicht: Die Grade der Glückseligkeit hängen nicht
von dem Range ab, den man in der gesellschaftlichen
Ordnung einnimmt. Samt und sonders gehen wir Alle
Einem Ziel entgegen, und nach der Erreichung desselben suchen wir ein anderes. Wenn ich nur so hoch stei-
ge, werd' ich zufrieden seyn — sagen bennahe alle
Menschen in demjenigen Augenblicke, wo sie in ihrer
Einbildungskraft über das Gebiet der Zukunft schalten
wollen; jenes Ziel aber gewährt kein bleibendes Ob-
dach, keinen Mittelpunkt der Befriedigung und der Ruhe. Dafür halten wir's nur in der Ferne; bey der Annäherung sehen wir, daß es bloß eine Herberg ist,
und nach kurzer Rast fordern wir Pferde, um weiter
zu ziehen. Auch ist es wahrscheinlich genug, daß auf
dem Wege der Glückseligkeit der schlechteste Platz gerade derjenige sey, welcher den äussersten Punkt unserer
Hoffnung berührt; denn auf diesem Wege ist es bloß
unsere Einbildung, der das Amt und Geschäfte zu-
kömmt, für die Unkosten und für die Annehmlichkeiten
der Reise zu sorgen, wenn man sich so ausdrücken
darf; und ihr Vorrath und ihre Hülfsquellen sind für
die kurze Dauer unsers Durchfluges auf Erden weit an-
gemessener, als man nicht denkt.

Um die Sache der Gleichheit zu behaupten, verſteckt man ſich, ſo viel man kann, hinter dem Namen des Volkes; und in der That ſcheinen die Jdeen von einer neuen Theilung mit den Wünſchen der unbegüterten Menſchenklaſſe treflich zuſammenzuſtimmen; denn das unbeſtimmte Wort Gleichheit läßt ſich auf Alles anwenden: Auf die Rangordnung, Unterſcheidungen, Eigenthumsgüter, Reichthum, kurz, auf alle die verſchiedenen Gegenſtände, welche unſern Neid erregen. Wie ſollte man alſo bey der Ausrufung dieſes Wortes nicht die Volksgunſt gewinnen?

Die Redner, welche dem Volke ſo viel Weihrauch ſtreu'n, werfen indeſſen ſorgfältig einen Schleyer über die Schwachheiten ſeiner Eitelkeit. Oder man höre nur den erſten beßten aus ihnen an. Für ſich ſelbſt iſt er, wie er uns verſichert, ſo unabhängig; ſo ſehr iſt er's entweder durch ſeine Lage, oder durch ſeinen Charakter, oder durch ſeine Weisheit, daß, wenn auch Höhere über ihm ſtehen, er es nur nicht gewahr wird: Alſo bekümmert er ſich einzig um das Volk, wenn er die Gleichheit des Ranges verlangt, und ohne Unterſchied alle Sterblichen in dieſelbe Linie ſtellen will. Woſfern aber das Volk durch das Geſchwätze dieſer ſeiner neuen Freunde ſich nicht irreführen läßt, ſo kann es bald einſehen: Daß durch die politiſche Gleichheit ſein Loos nicht geändert wird; daß es den Unterhalt immer durch Arbeit gewinnen muß; daß es einen Theil ſeiner Erwerbsquellen verliert, ſobald die Eigenthümer aus Furcht ihre Ausgaben beſchränken, und die Kaufleute, dieſe Schöpfer und Beförderer des Kunſtfleiſſes, den allgemeinen Haß auf ſich ziehen; und bald wird es gewahr, daß es nicht weniger, als andere, durch die Lärmtrommel und die unausweichlichen Tumulte der Gleichheit aus ſeiner Ruhe aufgeſchreckt wird;

daß seine Haupteroberung in jener Entledigung jeder
Art von Achtsamkeiten besteht, welche wohl die Gefühle der Ergebenheit und der Gönnerschaft zurückstoßen
kann, dafür aber uns nicht die geringste Schadloß-
haltung gewährt. Eben so wird es bald einsehen:
Daß die Angewöhnung an jene familiäre Zutraulichkeit, die denn doch mit der verschiedenen Erziehungs-
weise stets in dem seltsamsten Kontraste steht, eine
höchstgezwungene Stellung verursacht, zu unserm Glü-
ke selbst aber nicht das Geringste beyträgt; daß man
ihm endlich auch solche Eitelkeiten andichte, die ihm
ganz fremde sind, und daß folglich seine Befreyung
nur ein albernes Blendwerk sey. Neben anderm betrachtete man auch die Abschaffung der Feudalrechte
als eine wohlthätige Frucht des Systemes der Gleichheit; allein diese Vorstellung ist nicht ganz richtig.
Denn die Abschaffung eines Theils dieser Rechte, welche die Menschenwürde herabsetzten, hätte man schon
bloß im Namen der Freyheit fordern können, oder
noch einfacher im Namen der politischen Sittenlehre;
und diese Art von Rechten ist so wenig eine nothwendige Folge der Rangordnung, daß sie sogar in mehrern Monarchien unbekannt sind. Dagegen giebt es
freylich selbst in Republiken Zehnten, Grundzinse,
Lehengefälle, Abtrag bey Güterverkäufen, u. s. w.
Dort aber betrachtet man sie als einen Theil von der
allgemeinen Masse der Territorial-Einkünfte, und
glaubt, ihre Beybehaltung oder Abschaffung, ihre Abänderung oder Loskaufung hänge von keinen andern
Grundsätzen ab, als von den Regeln des Rechtes und
der Gerechtigkeit, oder von den Rücksichten des gemeinen Beßten.

Wenn man übrigens auch jene grossen Triebfedern
der öffentlichen Verwaltung aus der Acht lassen will,

so sollte man darum doch nicht im Namen unbeding=
ter Gleichheit Fragen aufwerfen, die für den weit gröſ=
ſern Theil der Landeseinwohner gleichgültig ſind; gleich=
gültig und fremde für alle diejenigen Staatsbürger,
welche ſelbſt kein Eigenthum haben, oder doch unter
dieſem keine Grundſtücke beſitzen. Sollte man ihnen
ſagen: Heil Euch! Man entwendet einer gewiſſen An=
zahl von Familien ihr Patrimonialrecht, und ihren erb=
lichen Antheil an den Aerndten von Frankreich; und
frohloket noch mehr, wenn Ihr erfährt, daß dieſe Be=
raubung ohne Schadloshaltung geſchehen ſey — ſo wür=
de hierauf die Antwort erfolgen: „Was liegt uns an
„einem Umſturze, bey dem wir ſelbſt nichts gewinnen?
„Wir beſitzen keine Domainen, und wir wiſſen gar
„wohl, daß, wenn einſt unſere Kinder ſolche kau=
„fen, beym Preiſe derſelben die Befreyung von den
„Grundzinſen in Rechnung kommen wird”. Nebens
dem iſt es niemals die groſſe Maſſe der Staatsbürger,
welche von jener Uebertragung des Eigenthums auf
andre, worüber das Recht des Stärkern entſcheidet,
Vortheile zieht. Alles, was man im Namen der ei=
gentlichen Gleichheit, im Namen gleicher Glückſeligkeit
wünſchen darf, iſt vielmehr jene vollkommene Ruhe,
welche die Gerechtigkeit einflößt; die Ruhe der Seele,
die aus der Zuverſicht entſpringt, daß man ungeſtört
die Frucht ſeiner Arbeit, oder das Erbgut ſeiner Väter
genieſſen kann. Es erhält ſich demnach die Geſellſchaft
nicht länger in ihrer unverletzten Geſamtheit, in ihrem
urſprünglichen Weſen, wenn die Gewalt, zur Behaup=
tung der Rechte eingeführt, vielmehr über dieſe Rechte
nach Willkür entſcheiden will. Eben ſo verräth man
groſſe Unweisheit, wenn man dem Reichthum eine
Verletzung der allgemeinen Harmonie Schuld giebt,
während daß er nichts anders iſt, als das Reſultat

von ungehindertem gesellschaftlichem Kraislaufe; denn
in diesem Kraislaufe ist der Mann von vorzüglichen
Glücksgütern nur das Werkzeug zur Vertheilung der
Besoldungen und des allgemeinen Unterhalts. Mitten
unter diesem Umschwunge wird hiernächst seine Glückseligkeit immer durch dieselben Regeln beschränkt. Die
Anzahl seiner Sinnglieder vermehrt sich nicht; ihre
Kraft und Wirksamkeit überschreiten niemals die fest-
gesetzten Schranken der Natur; vielmehr erscheint
mit jedem Tage den Blicken des Reichen das Schauspiel der Zukunft, dieses größte Interesse des Geistes, unter immer welken und immer blassern Farben.
O, wie wenig philosophisch ist demnach nicht der Neid,
und wie gefährlich ist es nicht, bey der Gesetzgebung
ein so blindes Gefühl zu seinem Führer zu wählen!

So gerne bereden sich alle Despoten, daß, indem
sie die Einen berauben, um die Andern zu beschenken,
sie nur das Ohngefähr in seinen Spielen und Phanta-
sien nachahmen; unter einer solchen Wendung aber
giebt es kein Unrecht, keine Gewaltsamkeit, die man
nicht für unbedeutend ansehen kann. In wiefern die
Menschen ihren Talenten und ihrer Industrie eine verschiedene Richtung geben, müssen sie nothwendig der
Reihe nach einander auf dem Wege des Glückes über-
flügeln; und ohne Zweifel hat öfters wohl auch der Zu-
fall Antheil an den Unfällen, welche ihnen zustoßen,
oder an dem glücklichen Erfolge, den sie erreichen; in
wiefern hingegen jene Verschiedenheiten aus freyer Bewegung entspringen, berechtigen sie keineswegs die will-
kürliche Dazwischenkunft und die gebieterische Einwirkung der höchsten Gewalt. Oder könnte man den Pha-
laris, oder jeden andern Tyrannen damit entschuldi-
gen, wenn man von ihnen sagte, daß sie, gegen die
Einen vielleicht großmüthig, aber barbarisch gegen die

Andern, jedesmal aber nach dem Eigensinn ihrer Phantasieen, auf solche Weise die Natur in der blinden Austheilung der Leiden und Freuden des Lebens nachahmen? Es stehet demnach keineswegs bey der Weisheit der Menschen, sich von den Grundsätzen zu entfernen, welche der gesellschaftlichen Bewegung zur Richtschnur dienen; keineswegs bey ihr stehet es, durch analytische Untersuchungen über den Ursprung unsrer Empfindungen, oder durch hypothetische Berechnungen der Glückseligkeit, unsre Rechte zu bestreiten, oder unsre Verpflichtungen zu schwächen. Und können wir uns von dieser Glückseligkeit auch nur einen Begriff machen? Kennen wir einen sichern Weg, ihren Werth abzuwägen und sie zu vertheilen? Nein, wir wollen nicht mit ungeschickten Händen uns an diesen zarten Banden, an diesem geheimnißreichen Gewebe vergreifen, aus welchem eine verborgene Intelligenz unsere moralische Natur zusammengesetzt hat!

Glückseligkeit ist das erste von den Mysterien des Schöpfers der Welt. Wenn wir sie in ihrer Entstehung erforschen, wenn wir in ihren verschiedenen Wendungen ihr folgen wollen, so empfinden wir gar bald die Schwäche unserer Mittel, und das Unvermögen unserer Versuche. Die Schwierigkeiten vergrössern sich noch mehr, wenn wir die Leiden und die Freuden in ihrer Beziehung auf die gesamte Gesellschaft — in ihrer Beziehung auf einen zahlreichen Zusammenfluß fühlender Wesen betrachten. Wer wird z. B. den verhältnißartigen Grad der Verzweifelung eines Menschen bestimmen, der, plötzlich seines väterlichen Erbguts beraubt, ohne irgend ein Mittel zur Widersetzung, von dem gebieterischen Joche der Gewalt niedergedrückt, nunmehr im spätern Lebensalter umsonst neue Erwerbsquellen sucht? Wer, sag' ich, wird den verhältniß-

artigen Grab eines solchen Gefühles gegen die Sum=
me jener Freuden berechnen, welche die Häupter und
Mitgehülfen an der Plünderung eines Eigenthümers,
in so kleinen Stücken unter sich theilen? Wenn man
also Glück und Unglück gegen einander stellt, wenn
man ihren Werth ausmißt, geschiehet es wohl (wenn
ich so sagen darf) nach dem Umfange der Oberfläche,
oder nach dem Grade der Tiefe? Ueberall stößt man
auf Zweifel und auf Ungewißheit, wenn man sich in
dem unermessnen Raume der Vorstellungskraft einen
neuen Weg bahnen, und hingegen die Leitseile zerreis=
sen will, welche uns mit so großer Kraft an die Wahr=
heiten binden, welche die Erfahrung besiegelt. Aber
Gesetzgeber besonders, und Häupter der Nationen,
stürzen sich in immer ängstlichere Verwirrung, so bald
sie die klaren und bestimmten Grundsätze der Gerechtig=
keit an theoretische Spitzfindigkeiten vertauschen. Ja,
die Gerechtigkeit, welche so manche andre Berechnung
vereinfacht, die Gerechtigkeit ist bey gesellschaftlichen Be=
rechnungen wesentlich nothwendig; und dieser allgemeine
Maaßstab, den uns schon die sittliche Rechtschaffenheit
an die Hand giebt, ist der einzige wahrhaft schätzbare
— der einzige, den keine Menschenerfindung jemals er=
setzen kann.

Noch sucht man dem Volke das System der Gleich=
heit auch dadurch zu empfehlen, daß man es ihm als
ein Mittel zur Aufhebung der Vorzüge der Erziehung
darstellt; als ein Mittel, dessen sich Alle bedienen kön=
nen, um zu den Stellen entweder zu ernennen oder
ernennt zu werden, und dergestalt Antheil an der Re=
gierung zu bekommen. Man sammle hierüber nur die
Stimmen, fügt man hinzu, und man wird sehen, ob
nicht diese politische Gleichheit der Wunsch des weit
größern Theils der Erdenbewohner seyn werde? Allein

bings würde zur Auflösung unsrer dießfälligen Zweifel
eine solche Probe hinreichend seyn, wenn nur alle
Sterblichen gleicher Weise ihr wahres Interesse einzu-
sehen vermögend wären. Allein wenn sich die Natur,
die Erziehung, die gesellschaftlichen Umstände jemals
wirksam genug vereinigen, uns Alle zu demselben
Grade der Vernunft zu erheben, so bedürfen wir alsdann kaum noch einer Regierung. Bevor man also
der Mehrheit der Stimmen eine ursprüngliche, eine
Fundamentalfrage, eine Frage unterwerfen kann, die
eben sowohl auf die Nachwelt als auf die Zeitwelt den
wichtigsten Bezug hat, sollte man allen Sterblichen
denselben Grad des Geistes und der Aufklärung mit-
theilen können; um sie mit Nutzen über die politische
Gleichheit zu Rathe zu ziehen, sollte man sie für den
Augenblick Alle einander gleichgemacht haben. Gewiß
aber würden sie alsdann der Gleichheit entgegen seyn.
Um diese Wahrheit anschaulich zu machen, erlaube
man, daß ich für einmal folgende Hypothese annehme.

Ich versetze in meinen Gedanken die Menschen in
ein Luftgebiete; sämtlich sind sie Alle einander gleich
an Geiste; Alle gleich an Voraussehungskraft; Alle
gleich an Glückseligkeit. Man kündigt ihnen an, der
Genius der Natur berufe sie zur Bewohnung des Erdballs; zugleich aber bedeutet man ihnen, daß sie noch
vor ihrer Verpflanzung, sowohl in Absicht auf die physischen Kräfte als in Absicht auf die geistigen, einander
ungleich seyn sollen, und daß ein blosses Ohngefähr
über die Vertheilung der Loose entscheiden werde. Zu
gleicher Zeit giebt man ihnen vorläufig einen Begriff
von ihrem künftigen Wohnplatze; man erklärt ihnen,
wie daselbst die Glücksumstände die Erziehung vorbereiten, und wie bey allen moralischen Vorzügen diese
Erziehung zum Grunde und zur Bedingung dienen wer-

ben: Man erklärt ihnen ferner, warum sich die Ausbildung des Geistes nicht durchgängig auf jeden von
ihnen verbreiten könne; kurz, man belehrt sie über Alles, was vor unsern Augen enthüllt liegt; und ihrer
freyen Entscheidung überläßt man nur eine einzige Frage, die Frage nämlich: Ob auf dem Erdballe, auf
den sie herabzusteigen bereit sind, die Regierung den
für einmal noch unbekannten Besitzern der guten Loose
an Geist und an Erziehung zufallen soll, oder ob sie
lieber ohne Unterschied samt und sonders an der Staatsverwaltung Antheil haben — ob sie bey noch so un-
gleichen Unterscheidungs-Vermögen Alle zur Wahl der
Vormünder und Häupter des Staates berufen seyn,
und endlich bey noch so verschiedener Theilnehmung
an den öffentlichen Angelegenheiten Alle dieselben Ansprüche an die höchste Gewalt und an ihre verschiedenen Zweige haben wollen? — Und da darf man nicht
zweifeln: Verständige Wesen, zur Entscheidung einer
solchen Frage in dem Augenblicke aufgefordert, wo sie
noch sämtlich an Fähigkeiten einander gleich sind, verlangen gewiß einstimmig, daß die Regierung des Staates auf einen besondern Stand von Menschen, auf eine
solche Klasse derselben beschränkt werde, denen in Absicht auf Glücksgüter, auf Geist, auf Erziehung,
das Loos die höhern Grade zutheilen wird; und den
Stand ihrer nahen Verwandlung würde ihnen die
Zusicherung erleichtern, daß die Vormundschaft über
den Staat immer nur in den Händen der beßten Beamten und der aufgeklärtesten Führer bleiben soll.
Sie würden einsehen, daß sich der Antheil eines Jeden unter ihnen verschlechtern müßte, sobald man die
Sorge für ihr gemeinschaftliches Interesse den weniger Klugen und weniger Aufgeklärten anvertrauen würde; und dankbar müßten sie es gegen den Genius der

Natur erkennen, daß er sie über eine für die öffentliche
Wohlfahrt so wesentliche Einrichtung zu Rathe gezogen, und es zu einer Zeit gethan hätte, wo sie noch
sämtlich gleiche Einsichten besaßen.

Nun wird es leicht seyn, diese Dichtung auf den
vor uns liegenden Gegenstand anzuwenden.

In ihrem gegenwärtigen Zustande, mitten unter
dem ausserordentlichen Unterschiede des Geistes und der
Ausbildung, können die Sterblichen nicht Mann für
Mann über das Verhältniß ihrer Glückseligkeit zu solchen politischen Anordnungen befragt werden, welche
die Einwirkung des grossen Haufens vermindern, und
ausschliessend den höbern Menschenklassen die Haupt-
gewalt überlassen, welche zu dem größten möglichen
Vortheile von Allen soll ausgeübt werden. Bey der
oben angeführten Voraussetzung aber, daß vor der
Epoche, wo die Ungleichheit der Einsichten begann,
jene Anordnungen durchgängigen Beyfall erhalten haben — bey dieser Voraussetzung haben durch einen
solchen Beyfall die Menschen auf's kräftigste entweder
ihren wahren Wunsch oder ihr wahres Interesse geäus-
sert. Heut zu Tage hingegen würde die Mehrheit ihrer
Stimmen nicht länger Glauben verdienen; denn schon
befinden sie sich in der Lage eines Erblassers, der nach
der Schwächung seiner Geisteskräfte solche gerechte und
vernünftige Verfügungen abändern wollte, die er in
dem vollen Besitz seiner Kräfte auf's feyerlichste für
unveränderlich erklärt hatte. Seinem Vorhaben wider-
setzt sich nun das Gesetz des Staates, dieser Ausdruck
der höchsten Vernunft.

Indeß wendet man ein: Wenn einmal die Gesellschaft gegründet ist, wird es nicht für sie vortheilhaft
seyn, wenn alle Bürger den Beruf haben, ihr, zur
Verwaltung und Regierung des Staates, alle seine

Kräfte zu weihen? O ja! nur, ohne Verwirrung muß man sie zu solchem Dienste berufen. Wenn uns bedingte Gleichheit die einen und andern Talente aus der Dunkelheit hervorzieht, so verdrängt dieselbe hingegen noch weit öfter von der Laufbahn der Geschäfte aufgeklärte, aber friedliche Männer, welche sich ungern mitten in den Kampf so vieler Nebenbuhler hineinwerfen; in einen Kampf, der sich in demokratischen Staaten unaufhörlich erneuert.

Nebendem soll ja die Gesellschaft nicht etwan bloß für eine kleine Anzahl thätiger und in der Uebung ihres Geistes gewandter Männer bestimmt seyn, sondern für grosse Abtheilungen, für grosse Massen, so wie sie immer vorhanden gewesen, und so wie sie auch künftig noch vorhanden seyn werden. Denn aus eben dem Grunde, warum man sich bey der Aufführung von Gebäuden nach dem Landesgebrauche richtet, muß man sich auch in dieser Welt unterm Monde nach einer solchen politischen Ordnung richten, die das Interesse und den Geschmack der Menschen aus dem zahlreichen Mittelhaufen befriedigt; und hier dürfen wir nicht aus der Acht lassen, daß dergleichen Menschen in Vergleichung mit jenem Pöbel, der nothwendig aller Vortheile besserer Erziehung beraubt ist, immer noch hoch genug stehen. Wenigstens darf man dem Wunsche derjenigen Personen nicht trauen, die, voll Zuversicht auf ihre Gewandtheit oder auf ihre Beredtsamkeit, mit Eifer wünschen, daß auf der Laufbahn der öffentlichen Geschäfte eben so viele Controversen als Beförderungen, eben so viele Fehden als Gunstertheilungen vorkommen mögten. Auch glaubt man es wohl irrig, ganz der Ordnung und Natur der Dinge angemessen — hält es für ganz vernunftmäßig, der Reihe nach, bald zu befehlen und bald zu gehorchen: Bey diesem

unaufhörlichen Wechsel aber gehorcht man eben so
schlecht, als man befiehlt; und befiehlt eben so schlecht,
als man gehorcht. In dem gesellschaftlichen Zustande
erfodern diese beyden Lagen durchaus verschiedene Eigenschaften; und solche Eigenschaften hängen wesentlich von der Angewöhnung, und von den Vorberei-
tungen der Erziehung ab. Auch verbessert man sein
Glück nicht im Geringsten bey den unaufhörlichen Ab-
änderungen, wozu im Namen der Gleichheit nur der
Neid uns reizt; denn die Einbildungskraft, welche
sonst alles zu verschönern weiß, wirft auf die Ver-
gangenheit selten eine lebhafte Beleuchtung. Der Neid
aber, der immer durch vor Augen liegende Gegenstände
erregt wird, muß sich in seinen Regungen und Berechnungen mit jedem Augenblicke verirren; und sicher
betriegt er sich, wenn er, mitten unter seinen geheimen
Kränkungen, die Gleichheit als Retterin anruft. Die
Gleichheit des Ranges, die einzige, welche von Men-
schenmacht abhängt, erzeugt darum noch lange nicht
eine Gleichheit der Einsichten und Kenntnisse; kurz derjenigen Vortheile, welche man der Erziehung schuldig
ist; sie befördert nicht einmal die Gleichheit der Glücksgüter; denn diese ist eine Chimäre, und keine Ungerechtigkeit, keine Bedrückung können sie festgründen.
Bey Anerkennung dieser Wahrheit erblickt man vielleicht keine sinnreichere und für die Glückseligkeit güns-
tigere Erfindung, als eben eine Vertheilung, die den
Blick des Neides von solchen Vorzügen und Vorrechten ablenkt, welche selbst die höchste Authorität umsonst abzuschaffen bemühet seyn würde; und grossen-
theils hat man eine so ganz eigene Wirkung den Rangs-
ordnungen zu danken. Mitten in der Gesellschaft er-
zeugen dieselben eine Verschiedenheit der Stämme, eine
Stufenreihe von Klassen, von denen keine geradezu

IV.   M

und unmittelbar den Blick auf die andern hinwirft;
und da ohne unser Wissen in jeder Klasse eine Gleich-
förmigkeit in Ansehung des Glückes statthat, so bedurf-
te es für die menschliche Schwachheit mehr nicht, als
diese Klassen von einander in gehöriger Entfernung zu
halten, und auf solche Weise die Quaalen oder doch
die Unruhen der Eifersucht zu vermindern. Wenn sich
hingegen alle Rangordnungen berühren, wenn alle
Stände durch einander gemengt sind; kurz, wenn
alle Individuen unaufhörlich in der größten Vertraulichkeit leben, so werden alsdann diejenigen Vorzüge,
welche nicht unter der Sense der politischen Gleichheit
hinsinken konnten, ein immer glühender Zunder zur
Reitzbarkeit und zum Unmuthe. Und hieraus läßt sich
erklären, warum in Frankreich nach Einführung der
Gleichheit in kurzer Zeit eine Reihe, und so zu sagen
eine Mannigfaltigkeit feindseliger Regungen und gewaltsamer Anschläge herrschend geworden. Jeder Art
von Uebergewicht kündigte man den Krieg an: Den
höhern Glücksumständen, den Talenten, den Aeusserungen der Wohlthätigkeit, dem Ruhme und Ansehn, den
flüchtigsten Authoritäten. Alles, was Vorrang gab,
verwarf man, so bald einmal die politische Gleichheit
alle andern Gleichheiten zu verbürgen schien, und so
bald die Eitelkeit nach Durchbrechung ihrer alten
Schranken zu einer Leidenschaft wurde, welche kein
Zaum, kein Widerstand aufhalten konnten.

Und nun mögt' ich dem Neide noch einen andern
Gegenstand zur Beherzigung vorlegen. Die verschiedenen Superioritäten, welche die moralische Schöpfung
zur Schau stellt, und die doch (wie ich gezeigt habe)
der Gleichheit in Absicht auf Glückseligkeit durchaus nicht
im Wege stehen, haben vielmehr sämtlich ihren Einfluß
auch auf die öffentliche Wohlfahrt, und die wirkliche

Vergrößerung deſſelben. Auch dieſe Wahrheit verdient eine nähere Entwickelung. Der Genius des Weltalls, die höchſte Intelligenz, wollte, daß Jeder von uns beym Fortrücken auf den verſchiedenen Laufbahnen, welche dem Talente, dem Geiſte, dem Kunſtfleiſſe, dem Beſtreben nach Glück und nach Ehre geöffnet ſind — daß Jeder bey ſeiner Erhebung nie etwas anders ſeyn ſollte, als ein Mittel und Werkzeug des allge= meinen Intereſſes, dieſer gemeinſchaftlichen Maſſe, aus welcher in dem Laufe der Jahrhunderte Jeder ſei= nen Theil ſchöpft. Vielleicht war der Erfinder der Buchdruckerey, des Compaſſes, der Pflugſchaar nicht glücklicher, als der unbekannte Künſtler, deſſen Meiſ= ſel auf eine neue Weiſe die Bäder des Craſſus oder Lucullus verzierte: Aber dieſe Art Gleichheit von Glück und Geſchicke, welche die Natur feſtgeſetzt hat, verhinderte keinesweges, daß ſich die Welt mit den verſchiedenen Entdeckungen bereicherte, deren Früchte ſie Männern dankt, welche ſich durch Geiſt, durch Ta= lent und Genie über Andre erhoben haben. Nun aber ſind die Superioritäten, welche Rang und Glücksgüter gewähren, zwar ebenfalls kein Unterpfand für eine Superiorität in Abſicht auf perſönliche Glückſeligkeit; dafür aber werden wir ſie nichts deſto minder mit dem gemeinen Beſten in der engſten Verbindung er= blicken, wenn wir uns erinnern, daß die einen unmit= telbar aus der Freyheit, aus der Induſtrie, aus der wohlthätigen Einführung des Eigenthumes entſprin= gen, und daß die andern eine ſinnreiche Anordnung ſind, welche zur Erhaltung der geſellſchaftlichen Ord= nung ſo weſentlich nothwendig iſt.

Was thun wir alſo, wenn wir die Menſchen ge= gen alle Superioritäten aufhetzen? Um ſie zu täuſchen, treiben wir mit den Regungen ihres Neides ein uner=

laubtes Spiel; wir machen sie unruhig über die Träu=
me ihres Geistes, und eifersüchtig über die Phantome
ihrer Einbildungskraft. Während daß sie die Spitze
und den Gipfel von jeder Höhe ausspähen, um sie
niederzureissen, vergessen sie, in den Grund ihres ei=
genen Herzens hinunterzusteigen, um daselbst ihre Sitt=
lichkeit, diesen Saamen der Zufriedenheit, und zwar
den beßten und bewährtesten von allen, zu pflanzen und
anzubauen.

Ach! das System unserer Glückseligkeit auf Erden
anvertrauen wir wohl am sichersten der Obhut seines
göttlichen Urhebers. Was zu allen Zeiten war, und
sich immer erhielt, muß ganz gewiß in der Natur der
Dinge selbst liegen. Das Vollkommene kennen wir
nicht; wenn wir aber gewahr werden, daß unsere
übermüthige Wissenschaft Alles in Verwirrung stürzt,
so müssen wir mit desto mehr Sorgfalt die Spuren
und Merkzeichen jener allgemeinen Ordnung der Din=
ge aufsuchen, die uns umgeben; jener ewig belehren=
den Ordnung, die ganz augenscheinlich aus einer Rei=
he und Verkettung der Abstufungen besteht; aus einer
Mischung von Einförmigkeit in den Prinzipien und
von Mannigfaltigkeit in den Entwickelungen. Wenn
man ein System der Glückseligkeit zusammensetzen will,
das mit unsern innersten Empfindungen übereinstimmt,
so muß man die Fertigkeiten unsrer Denkkraft mit dem
Schauspiele der Natur in Harmonie zu bringen bemü=
het seyn; denn so bald uns die Leidenschaften der
niedrigen Erde zerdrücken oder zurückstossen wollen,
so suchen wir immer auf unbekannten Höhen unsre
Zuflucht. Auch werden zärtliche sowohl als zur Fröm=
migkeit gestimmte Seelen (wofern man anders auch
an sie denken will) sich nimmermehr mit dem Prinzip
unbedingter Gleichheit vereinigen; für ihre Schwäche ist

daſſelbe zu ſchwankend, und von allzuweitem Umfange.
Sie bedürfen ganz beſonders der Stufen eines Zieles,
einer Raſt, eines Ruhepunktes, einer Perſpektive, die
ihr gerührter Sinn erreichen kann — ſie bedürfen einer ſolchen auf Erden; einer Perſpektive auſſer ihnen
ſelbſt; beſonders einer, in fühlbarem Bezuge mit jener innern und immer emporſteigenden Beſchauung,
welche ihnen einen Tröſter und Richter im Himmel
verſpricht. Denn auch dies iſt eine Art von Wonne-
gefühl, welches die neuen Ideen erſticken, ſo wie ſie
überhaupt mit allen Naturgefühlen ewig im Streit
liegen werden.

Der Einfluß der Gleichheit auf unſer tägliches Privatleben, und auf die beſondern Verhältniſſe zwiſchen
einzelnen Menſchen, führt auch noch auf eine andre
Frage, welche ſich auf unſern Gegenſtand bezieht, und
nicht die unwichtigſte iſt. In den Verflechtungen ihrer Zweige berührt die Sittenlehre alle die verſchiedenen Quellen der öffentlichen Glückſeligkeit, und in
Rückſicht auf Regierung und Politik könnte ſie ſchon
für ſich allein den Dienſt des Genies thun. So erhaben indeß die Moral in ihrem Zweck iſt, ſo iſt ſie
doch alle Augenblicke den Widerſprüchen des perſönli-
chen Intereſſe bloßgeſtellt, und man kann ihr von ihren Stützen keine entreiſſen, ohne Gefahr für ihr Anſehn überhaupt. Kaum reichte ihre Kraft hin, um uns
mitten unter den alten geſellſchaftlichen Ideen zu leiten; und nun vermehren ſich die Schwierigkeiten nicht
wenig bey der allgemeinen Verbreitung des Prinzips
der Gleichheit und aller Verwirrungen in ſeinem Be-
gleite. Die groſſe Maſſe der Menſchen bedarf in ihren Wünſchen und in ihrem Ehrgeitze allerdings einer
Beſchränkung. Unbeſchränkte Anmaaſſungen vertragen
ſich weder mit dem Grade ihrer Einſichten, noch mit

den unwandelbaren Gesetzen der Natur. Eine unmit-
telbare Wirkung der unbedingten Gleichheit aber ist
die Zerstörung jener grossen Menge abgestochener Felder, welche der Unterschied des Standes, des Ranges und der Glücksgüter eingeführt hat; nach ihrer
Verwüstung befindet sich nun der Mensch in einem
von allen Seiten offenen Raume, dessen verschiedene
Zugänge er nicht länger zu bewachen vermag. Und
wie soll man ihm überdies seine Pflichten vorhalten,
so lange man ihn jeden Augenblick nur mit seinen Rechten beschäftigt? Wie soll man ihm Bescheidenheit und
Zurückhaltung empfehlen, so lang er vor seinen Augen
keine Scheidwand, keine Grenzen erblickt? Wie soll
man ihm geheime Aufopferungen zumuthen, so lange
der ganze Staat nur noch einer Schaubühne gleicht?
Wie soll man ihm Großmuth und Versöhnlichkeit pre-
digen, so lange er zur Behauptung seines Rufes und
zur Sicherung seiner politischen Beförderung aller Reizbarkeit des grossen Haufens Rechnung tragen muß?
Denn, wer will die leisen Worte, welche die Sittenlehre uns einraunt, mitten unter dem Geräusche und
den tumultuarischen Ausschweifungen von fünf und
zwanzig Millionen Menschen verstehen, die nach keinem
politischen Plan in verschiedene Fächer vertheilt, und
durch keine Rangordnung von einander abgesöndert
sind? Wer will diese leisen Worte verstehen, wenn
sich mit allen persönlichen Leidenschaften, denen jene
zum Regulativ dienen sollten, noch eine politische vereinigt, und zwar die feurigste von allen; wenn man
durch unbedachtsame Einflüsterung von den Ideen der
Gleichheit noch überdies für sie ein ganzes Volk in
Flammen setzt. Unmöglich endlich können die leisen
Worte der Sittenlehre mitten unter einem Volke verehrt werden, das der Einführung eines neuen Evan-

geliums bedarf, wenn es durch den Glauben das uner=
hörteste von allen Lehrgebäuden fortpflanzen will.

Laßt uns noch überdies bemerken, daß gegenwär=
tig die öffentliche Meynung nicht länger der Moral
zur Führerin dient, und ihr auch weiter keinen Bey=
stand gewähren kann. Denn zu zart sind die Segel
jener erstern, als daß sie uns mitten unter den stür=
menden Wogen der Gleichheit forttreiben könnten. Nur
also in Rückerinnerung an diese ehmals verehrte Mey=
nung geschieht es, wenn Frankreichs Gesetzgeber zur
Belohnung einer Aufopferung oder einer merkwürdi=
gen Handlung auch itzt noch so vielmal ehrenvolle Er=
wähnung beschliessen. Diese ehrenvolle Erwähnung
ist bereits zu einer Münze ohne Umlauf geworden.
Das Druckwerk, welches sie schlägt, scheint von koloſ=
salischer Grösse, und gleichwohl geht sie ohne Gepräg
unter dem Stempel hervor.

Es ist eine Wahrheit, die wir fühlen, deren Grund
aber im Dunkel liegt, und nicht leicht hervorgehoben
und erklärt werden kann. — Oder man sage uns ein=
mal: Warum seit der Einführung des Systemes der
Gleichheit, seit seiner durchgängigen Anerkennung,
keine Authorität im Staate mehr Machts genug übrig
behält, irgend Jemand in Ehre und Ansehn zu setzen,
oder in Schande zu stürzen? Kömmt's nicht etwa da=
her, weil die durchgängigen Anmaaſſungen, als noth=
wendige Wirkungen eines solchen Systemes, zum Be=
wundern keine Zeit laſſen, und dazu Niemandem Luſt
machen? Kömmt's nicht vielleicht daher, weil sich ge=
genwärtig Jedermann auf den Kampfplatz selber wagt,
und folglich alle Zuschauer=Plätze leer bleiben; oder
weil man diese Plätze nur für einen Augenblick ein=
nimmt, und nie anders als mit heftigem Partheygeiste,
mit jenem ausschliessendem Geiste, der nur von einem

einzigen Interesse allein belebt ist, und nicht, wie vormals, mit einem Gefühle, das sich durch das Studium der verschiedenen Modelle gebildet hat? Vor Einführung der völligen Gleichheit gab es im Verhältnisse
mit den zahlreichen Richtern nur wenig handelnde Personen; itzt ist es gerade umgekehrt. Diese Umkehrung
allein ist schon hinreichend, um der öffentlichen Meynung alle ihre Herrschaft zu rauben. Alle Welt wett-
eifert nun; Jedermann bewegt sich mitten unter politischen Leidenschaften, und unter der Regierung der
Gleichheit hören diese Leidenschaften nie auf. Da aber
diese nur entweder von Liebe oder von Haß leben, so
verschwindet die Hochachtung oder sie sinkt in Vergef-
senheit, und jene öffentliche Meynung hat keine Stütze
mehr, und keinen Punkt zur Vereinigung. Für einen
Augenblick schaffet man sich einen Volkshelb; im Vor-
beygehn wirft man ihm eine Krone zu; wenn man
aber kaum zurücksieht, und diese Krone noch auf seinem Haupt erblickt, so kehrt man sich um, und reißt
sie hinunter; von keiner Art Größe bleibt auch nur ein
falsches Gepräge mehr übrig. — Woran also könnte
weiter jene öffentliche Meynung sich halten? Wo entdeckt sie einen Wegweiser? Wo findet sie Licht? Gleich
der Sibylle, muß sie ihre Orakel auf fliegende Blät-
ter schreiben, und ihre Deutung von dem Windstoße,
der sie zusammentreibt, abhängen lassen.

Den hier behandelten moralischen Gegenstand kann
man ohne Zweifel auch auf eine andere Weise zerglie-
dern; immer aber bleibt es wahr, daß zu den Authoritäten, welche das System der Gleichheit zerstöhrt
hat, auch die öffentliche Meynung gehört. Einst
herrschten noch zwo andere dergleichen, beyde durch
die Zustimmung der Menschen geweihet; sie waren alt,
wie die Welt, und ein durchgängiges Interesse um-

gab sie mit heiliger Ehrfurcht. Sie hieſſen Religion, und väterliches Anſehn. Man war eiferſüchtig auf ihren hohen Einfluß; aber auch ſie unterlagen dem unſeligen Geſetze der Nivellirung.

Der Geſetzgeber von Athen hatte in ſeine ſo be= rühmte republikaniſche Verfaſſung die Idee einer po= litiſchen Superiorität aufgenommen, welche man wahr= ſcheinlich heut zu Tage, aus Kraft und Gewalt der neuen Lehre, mit ſo viel andern, als die entſetzlich= ſte Ariſtokratie verdammen würde. Er hatte in den Raths= und Volksverſammlungen den Sitten und der Tugend einen Vorrang ertheilen wollen. In die= ſen Verſammlungen ſollte über die öffentlichen Ange= legenheiten kein Bürger ſprechen, ohne daß er dieſer Ehre und Gewalt vorher unter vorläufiger Prüfung ſeines Privatlebens würdig erklärt worden; und Je= dermann konnte einen Redner oder Magiſtrat vor Ge= richt ziehen, der etwa durch bloße Gewandtheit ſei= nen Ruf den aufmerkſamen Blicken der Sittenrichter und ihren ſtrengen Nachforſchungen zu verbergen ge= wußt hatte. Will man nun dieſe Anordnung einem kleinfügigen Geiſte, oder der Verachtung des Menſchen= rechtes zuſchreiben? Aber, noch war Solon, der gu= te Solon, wenig mit den Myſterien und mit dem tiefen Studium der präexiſtirenden Gleichheit vertraut. Auch hatte damals noch kein Geſetzgeber die Ent= deckung gemacht, daß ſelbſt die Gerechtigkeit eine Art Superiorität ſey, welche als Rebellin gegen das Prin= zip der Gleichheit Verdacht erregen könne. Wirklich aber iſt eben auch die Gerechtigkeit die Beſchützerin des Eigenthumes; und Eigenthumsgüter ſind ihrer Natur und Entſtehung nach ſehr verſchieden. Daher ſehen wir in Frankreich, wie dieſe Gerechtigkeit als Feindin der Menſchenrechte, als Feindin der Volks=

souverainität, als Feindin der Gleichheit, kurz als
Feindin aller jener Abstraktionen behandelt wird, die
man der Sittenlehre und der gesunden Vernunft unter-
schieben will.

Ich forsche nach: Welche von unsern alten Tugenden mit der unbedingten Gleichheit in Sympathie
stehe? und finde keine.

Sollt' es das Zuvorkommen gegen Andere seyn?
Die Achtsamkeit und die Deferenz, welche das System der Rangordnungen eingeführt hatte, bewogen
dazu, Andern entgegen zu gehen. Nach Aufhebung
dieser Verhältnisse trieb uns die Gleichheit ganz wieder in unser eigenes Selbst, in den Bezirk der Selbst-
sucht zurück. — Sollt' es wenigstens die Erkenntlichkeit seyn? Diese betrachtet man ja als Lehenjoch,
und sucht sich von allen Seiten von dieser Dienstbar-
keit loszumachen. — Ist es die Großmuth? In welchem Falle aber ist sie anwendbar, wenn man allerwärts nun von Ansprüchen redet? — Ist es die Wohlthätigkeit? Liegt aber im Geben noch ein Verdienst,
wenn man sich im Namen der Gleichheit mit jeder
Art von Uebergriffen vertraut macht? — Ist es die
Freundschaft? Ist es der Brudersinn? Aber die
Gleichheit bringt uns einander nicht näher. Nicht die
Gleichheit der Anmaassungen, sondern ihre Verschiedenheit ist es, welche unter den Menschen einst so
dauerhafte Bande geknüpft hat. — Ist es der Adel
und die Hoheit der Gesinnungen? Man verurtheilt
sie ja als Anschein von Oberherrschaft, oder als un-
reinen Rest der Aristokratie. — Oder ist es vielmehr
die Bescheidenheit? Diese würde man bald beym
Worte nehmen; denn mitten unter dem Wirbel der
politischen Gleichheit hat man weder Lust noch Zeit,
ihr zu widersprechen. — Ist es endlich die Wahrheit?

Iſt es die Freymüthigkeit? Aber die Gleichheit legt
die Allgewalt in die Hände eines Gebieters, den man
ohne Blendwerk nicht leiten, den man ohne eine Sprache, die ſich künſtlich nach der Schwäche ſeines Ver-
ſtandes und nach der Stärke ſeiner Leidenſchaft ſchmiegt,
nicht hinreiſſen kann. Ach! wie manchen Verluſt hat
man zu zählen! Wie manche ſittliche Tugend opfert
man nicht einem einzigen politiſchen Traum auf! Vor
allem aus aber bedaur' ich dich, ewig bewäin' ich dich,
ſüſſes Mitleiden, heiliges Erbarmen! Ihr waret die
Regungen, Ihr die Tugenden, deren unſre ſchwache
Natur am meiſten bedarf. Euch rufte man an, um
mitten unter der ſtrengſten Gerechtigkeit dem Jammer,
dem Elend und der Nachreue, mit Hoffnungen zu
Hülfe zu eilen. Hier unten auf Erden erinnertet Ihr
an das göttliche Erbarmen, dieſen Urquell unſers Da-
ſeyns, und zugleich unſere letzte Erwartung. Ach!
verſchwunden ſeyd Ihr; habt Euch weit entfernt; und
unſere Herzen, gleich jenen Pflanzen, welche der Him-
melsthau nicht mehr bethränt — unſere Herzen ver-
zehrt eine Alles verſengende Dürre. Und wem anders,
als dem überſpannten Syſteme der Gleichheit müſſen
wir alle dieſen kläglichen Umwechſel beymeſſen? Jede
Regierung befindet ſich in dem Augenblicke, wo ſie
nicht länger durch irgend eine Art von Hoheit gebieten
kann, beym Verluſte alles moraliſchen Anſehns, in
der unſeligen Nothwendigkeit, unaufhörlich zu den
Schreckniſſen der Strafgerechtigkeit Zuflucht zu nehmen, wofern ſie anders den Bau der Geſetze unterhalten, oder wenigſtens unterſtützen will. Alsdann
ſpricht man nur von Gefängniſſen, von Henkersbeilen,
von Blutbühnen; die Köpfe fallen und rollen auf dem
Marktplatze fort; und nur unter Darreichung des
Blutkelches wirbt man das Volk unter die Fahnen ei-

ner tyrannischen Freyheit ohne Beyspiel. Und leider
ergiebt es sich einem so wilden Geiste nur allzu gern,
wenn es unter der Regierung der Gleichheit, und stolz
auf die Gewalt, welche sie ihm anvertraut, darauf
bedacht ist, sich wegen seines Mißgeschickes zu rächen,
und wenn es einmal mit Recht und Gerechtigkeit die
Regungen der Mißgunst verwechseln darf.

Gleichheit! Ach! warum gar allerwärts erblickt man
das Siegel ihrer Barbaren? Sie ist's, vermöge welcher ungesäumt die beyden grossen Hälften des Menschengeschlechtes wieder in ihr altes Verhältniß zurücktreten; in jenes wilde Verhältniß, welches einzig durch
die Verschiedenheit der Kräfte bestimmt wurde. Die
Einführung des Gleichgewichtes war die Wirkung einer edeln schönen Sittlichkeit, die Wirkung der Ehrerbietung der Männer gegen die Weiber; allein diese
Ehrerbietung fällt mit der Gleichheit, und mit den
Sitten, welche sie hervorbringt. Der systemsüchtigen
Gleichheit also dankt man den Verlust und die Aufopferung einer wirklichen Gleichheit; einer Gleichheit, die
das glückliche Resultat aller unserer gesellschaftlichen
Ideen war.

Eine Quelle von grossem Unheil und die Veranlas-
sung zu einem Verbrechen gegen das Menschengeschlecht
wird überdies die unbedingte Gleichheit auch dadurch,
daß sie, wie man besorgen muß, der Regierung einen
ganz kriegerschen Geist einflößt. Und wie könnte man
es wohl hindern, daß sie die Hitze und Heftigkeit der
Gemüther, daß sie jenen überspannten Geist, den ein
unaufhörlicher Wettkampf zwischen denselben Anmaaßungen entflammt, nicht auswärts beschäftige? Wie
könnte man hindern, daß man nicht öfters die äussere
Ruhe der dringenden Nothwendigkeit aufopferte, im
Innern des Staats die Anzahl von solchen Menschen

zu vermindern, die ein gesellschaftliches System,
nach welchem alle Einwohner eines grossen Landes mit
einander um den Befehlhaberstab kämpfen — welche,
sag' ich, ein derlei System, so reizbar, so leidenschaft.
lich und tumultuarisch gemacht hat? Der Partheyn
und Faktionengeist, das Neben= und Mitbuhlen erre=
gen, durch Herbeylockung der Menge, zur Eroberung
der Gewalt und zur Behandlung der öffentlichen An=
gelegenheiten, den Wunsch nach auswärtigen Kriegen
gerade so, wie einst die vermehrte Landesbevölkerung
das Bedürfniß entlegener Colonieen erweckt hat. Auch
lassen sich zum voraus die sonderbaren Wirkungen ei=
nes immer wiederholten Wettkampfes unmöglich be=
rechnen, in welchen man ein grosses Volk, und jedes
Individuum unter demselben unaufhörlich einmischt;
denn die Gesellschaft erscheint durchaus unter anderer
Gestalt, sobald die Gegenstände des Wetteifers und
der Eitelkeit, welche vormals der natürlichen Hitze der
Gemüther zur Zerstreuung dienten, völlig ihr Interesse
verlieren.

Aus der unbedingten Gleichheit und aus der Hint=
ansetzung alles Anstandes, welche daraus natürlich her=
fließt, entsteht wohl hiernächst auch jene unhöfliche,
übermüthige Sprache gegen die auswärtigen Regierun=
gen und ihre Gesandten; und der Eindruck, den sie
verursacht, mag aus Politik noch so sehr versteckt blei=
ben, so wird er doch tief gefühlt; unaufhörlich unter=
hält er einen Hebel der Reizbarkeit, und kein Friede,
besorg' ich, wird durch gegenseitige Zuneigung oder
Befriedigung besiegelt. Es giebt ein Selbstgefühl in
Betreff der Achtung und Zuversicht, so wie in Betreff
jedes andern moralischen Gutes; und da sich die Häup=
ter der populairen Aristokratie in Frankreich von einem
gewissen Zweifelmuth nicht werden losmachen können,

so dürften sie nimmermehr in seinem rechten Maaße jenen Geist der Mäßigung finden, der nur bey völliger
Zuversicht stattbat. Immer befürchten sie, daß sie nicht
genug Stolz, nicht genug Hobeit, nicht genug Selbstgefühl äussern; und, ohne Wissen und Willen, mischen sich
in ihre Correspondenz mit auswärtigen Regierungen eine
beleidigende Sprache oder beschimpfende Formalitäten.

Laßt uns noch einen Blick auch auß Innere werfen. Wenn das Prinzip der Gleichheit zur leidenschaft und zur politischen Schwärmerey wird, so verleitet es, wie wir es itzt vor Augen seben, zum Haße
gegen jede Art von Auszeichnung; und wenn dieser
Haß einmal den grossen Haufen beherrscht, so nöthigt
er die Reichen zur Verbergung ihres Reichthumes.
Die Furcht vor Proscriptionen, vor Gewaltthat oder
vor übertriebenen Besteurungen nöthigt sie, sich mehr
oder weniger gerade so zu betragen, wie ehemals die
französischen Bauern, wenn sie sich dem Joche einer
willkürlichen Besteurung entziehen wollten. Die reichen Eigenthümer indessen können nicht aufhören, ihr
überflüßiges Vermögen in die verschiedenen Erzeug-
nisse des Kunstfleisses umzusetzen, ohne daß sie einer
Menge Menschen die Arbeit entrissen, die zu ihrem
Unterhalte nothwendig ist. Alsdann muß der Staat
selbst die müßigen Einwohner besolden; und von der
Unvermeidlichkeit einer solchen Ausgabe bis zum Wunsche, sie durch militairische Unternehmungen wirksam
zu machen, ist der Zwischenraum zuweilen sehr klein.
Mitten in einer solchen Lage nun erreichen die Menschen mit jedem Tage einen höhern Grad der Verwil-
derung. Keine Studien, keine Beschäftigungen des
Geistes mildern ihre Sitten; und die kleine Anzahl
von Empfindungen, welche die Unwissenheit und die
Muße noch übrig lassen, müssen nothgezwungen ihr

Interesse in der Ueberspannung suchen, und setzen der=
gestalt die öffentliche Ruhe mit jedem Augenblicke neuer
Gefahr bloß.

Vor jener Epoche, wo die Verschiedenheit der Kün=
ste, ihre Vervollkommnung und unaufhörliche Erneue=
rung, den reichen Eigenthümern ein Mittel an die Hand
gab, ihren überflüßigen Reichthum angenehm umzu=
tauschen, bedienten sich dieselben eines grossen Theiles
ihrer Einkünfte zur Anwerbung eines zahlreichen Ge=
folges von Hausgenossen, Clienten und Knechten.
Mit Vergnügen mußte man einen so unfruchtbaren
Luxus allmählig abnehmen sehen; mit Vergnügen se=
hen, was für eine grosse Menge müßiger Leuthe und
unbeschäftigter Diener von arbeitsamen Menschen und
freyen Bürgern verdrängt wurden; mit Vergnügen se=
hen, wie eine weisere Finanzverwaltung das Genie
des Kunstfleisses begünstigte, und dem menschlichen
Geist einen neuen Schwung gab; endlich auch mit
Vergnügen sehen, wie die Künste durch ihre Vermeh=
rung und Vervollkommnung im Schoosse des Natio=
nalreichthums den auswärtigen Handel und damit zu=
gleich das Wachsthum der öffentlichen Wohlfahrt be=
förderten. Allein, gerade eine entgegengesetzte Revo=
lution wird durch die Gleichheit erzeugt. Die Gefahr,
in welche man sich durch auffallende Ausgaben versetzt,
zerstöhrt alle Herrschaft der Aemsigkeit und der Kün=
ste; und der ganze Unterschied zwischen jenen alten
Zeiten und den heutigen wird darin bestehen, daß, nach
Ausplünderung der Reichen, die Regierung nun selbst
die Müßiggänger besolden muß. Alsdann aber wird
die Handhabung der Ordnung und die Erhaltung der
gesellschaftlichen Harmonie noch schwieriger werden;
denn unter müßigem Leben gerathen die Menschen in
unruhige Bewegung; und wenn ihren Geist keine Art

der Ausbildung mehr zu den Studien und zum Nach=
denken vorbereitet hat, so ist's nur die Arbeit, und
dringende Arbeit, welche sie vor grossen Ausschweifun=
gen verwahren kann. Für einmal verlangt man nur
Soldaten, Feldbauer, Handwerker. Dieß ist gegen=
wärtig die herrschende Sprache. Wenn sich aber ein
Staat vergrössert hat, wenn er fünf und zwanzig Mil=
lionen Einwohner unter einer und eben derselben Au=
thorität vereinigt, so kann derselbe nicht wieder in *seine*
erste ursprüngliche Lage zurückkehren, wofern ihn nicht
entweder eine Sündfluth oder ein anderer eben so schreck=
licher Unstern fortreißt. Wahr ist's, eine so verwüsten=
de Landplage sucht man eben; man ist auf ihre Erfin=
dung bedacht, und hat sie wirklich bald erfunden: Allein
ohngeachtet alles Bestrebens und aller Beharrlichkeit,
muß ein so herrschsüchtiger Anschlag mitten in einem
Lande mißlingen, dem die Natur eine ganz andre Be=
stimmung giebt; in einem Lande, welches sie mit ganz
besonderer Liebe umfaßt, und mit den reichsten Schä=
tzen ausgeschmückt hat. Denn, man befehle *der Er=*
de, daß sie für das Saatkorn keine Aehre zurückgebe;
man verbiete dem Flusse, die Flur mit seinem beleben=
den Wasser zu tränken; man fange den wohlthätigen
Sonnenstral auf, dessen sanfte gemäßigte Wärme
Frankreichs Boden befruchtet; man zerschmettere jene
Pflugschaar, vermittelst welcher ein einziger Führer
den Schooß= des Bodens zu den reichsten Aerndten
vorbereitet; kurz, man entsage allen Erfindungen,
durch welche die Menschenkraft vermehrt wird; man
halte überdieß die wohlthätige Verschwendung der Na=
tur auf; und, indem man auf solche Weise die Bevöl=
kerung vermindert, nöthige man alle Hände, sich
ganz und ausschliessend dem Feldbau zu wiedmen:
Wofern aber nicht auch jene grossen Gesetze, die uns

leiten,

letten, eine Hauptveränderung leiden, so bleibt nach
der Bezahlung aller Feldarbeiter immer noch ein rei=
cher Ueberfluß übrig; und wenn ihn die Besitzer nicht
der Klasse der Handwerker und Künstler zufliessen laß=
sen, wenn sie wegen gewaltsamer Verletzung ihrer
Rechte von ihrem Ueberflusse keinen solchen Gebrauch
machen dürfen, so wird er durch gewaltsame Einmi=
schung der Regierung wenigstens unter ihre Sklaven
und Clienten, kurz unter Leuthe vertheilt die zu ihrer
Lobpreisung oder zur Unterstützung ihrer Politik besol=
det sind. Zwischen diesen beyden Einwirkungen muß
man wählen; und sollte man hierüber anstehen kön=
nen? Die eine empfiehlt die Gerechtigkeit, die andere
kömmt der Tyrannen zu; die eine unterhält den Kunst=
fleiß und die Tugenden, welche ihn begleiten; die an=
dere nährt den Müßiggang und alle Laster in seinem
Gefolge; die eine endlich ist der erste Ring in der Kette
der gesellschaftlichen Ordnung; die andere verursacht
ein unaufhörliches Reiben zwischen den kunstreichen
Banden, welche ohne Anstrengung und ohne Erschüt=
terung alle Angelegenheiten der Menschen vereinigen.

Eben weil man die ältesten Wahrheiten verachtete,
eben weil man die von der Vernunft und von der Er=
fahrung besiegelten Prinzipien umkehrte, wurde die
öftere Dazwischenkunft der höchsten Gewalt so nothwen=
dig. Man warf der ehemaligen Regierung in Frank=
reich vor, daß sie mitten unter die gesellschaftlichen
Verhältnisse allzuoft hineintrette; nunmehr aber nach
gewaltsamer Hinderung des natürlichen Laufes aller
Geschäfte und aller Verhandlungen, ist es wieder die
Gewalt, welche diesen Lauf regiert; sie ist's, die an
Alles denken, Alles anordnen, Alles wieder zurecht=
bringen muß. Wo ist die Weisheit, welche für ein
solches Geschäft ausreicht? Das erste Zwanggesetz,

IV.   N

womit man die Lebenskraft der Gesellschaft drückt, zieht ganz unvermeidlich eine Menge anderer nach sich; und wenn einmal die bisher angenommenen Verhältnisse in Unordnung gerathen sind, so fließt die Ordnung nicht mehr aus einer allgemeinen Berechnung dieser Verhältnisse her. Alsdann steigt der Gesetzgeber aus der ihm eigenthümlichen Höhe herab, und alle Schwierigkeiten sucht er nur einzeln oder stückweise zu heben. Indem er sich der Reihe nach an die Eigenthümer, an die Feldbauer, die Fabrikanten, die Kaufleuthe, die Handwerker, die Käufer, die Verkäufer wendet, versucht er's, ihren Gang zu leiten, und sie Schritt vor Schritt zu führen. In eben dem Maaße aber, in dem sich die Gesetze vermehren, werden die freyen Bewegungen gehemmt, und die gesellschaftliche Organisation gleicht einer Maschine, deren Triebfedern man unaufhörlich wieder aufzieehen muß. Und wenn die verschiedenen Gesetze und Ordnungen, welche an die Stelle der Freyheit treten, sämtlich nur unter Drohen und Racheschnauben erscheinen; wenn auf die leichteste Uebertretung entweder Todes- oder doch Gefängnißstrafe gesetzt ist, so bebt man vor der kleinsten Bewegung zurück; rund umher erblickt man allenthalben Picken und Schlachtbeile, und wälzt sich gleichsam in der Tonne des Regulus fort.

Glücklicher Weise liegt es indessen nicht in der Menschen Gewalt, anhaltend und für lange die Elemente der gesellschaftlichen Ordnung zu verwirren. Wohl fassen in ihrer Blindheit die Menschen einen solchen Anschlag; die Natur aber ist immer bereit, ihrer Verschwörung Widerstand zu thun, und ihren tollkühnen Hoffnungen Ziel und Schranken zu setzen. Sie hat mehr Kraft, um die Menschen zur gesunden Vernunft zurück-

führen, als diese anwenden können, um sich von ihr
zu entfernen.

Aber, ach! diese Aussicht tröstet uns nicht über so
viel Unheil und so manches Verbrechen, davon wir
Zeugen sind. Uns gehört nur die Gegenwart zu, und
grauenvoll ist ihr Anblick. Ich breche hier ab. — —
Denn wenn ich meinen Gegenstand auch noch aus einem individuellen Gesichtspunkte betrachten, und den
Blick von dem grossen Umkraise näher auf meinen besondern Gesichtskrais zurückziehen wollte, so würde
mein Herz unter dem Entsetzen versinken, und die Feder mir aus der Hand fallen.

Auf jeder Seite und jeden Augenblick muß man's
gewahr werden: Jene bewundernswürdige, moralische Organisation, welche die verschiedenen Angelegenheiten und Leidenschaften der Menschen in Harmonie
setzen soll, hängt nicht von einem einzelnen Prinzip
allein ab, sondern von einer ganzen Ideenverkettung.
Die Gleichheit also, welche weder die Gerechtigkeit,
noch die Weisheit, noch die öffentliche Meynung zur
Mitregentin aufnehmen will, hat auch noch dieses
Gebrechen, daß sie ihrer innern Natur nach und nothwendig ein ausschliessend herrschendes Prinzip ist, das
alle andern zerstöhrt.

Diesem Systeme unbedingter Gleichheit mach' ich's
endlich auch noch zum Vorwurfe, daß es unvermerkt
zur Hintansetzung unsrer edelsten Verhältnisse gegen
das höchste Wesen verleitet. Nicht länger ist es der
Geist, nicht länger das Genie, nicht länger ein zartes
Gefühl, nicht länger die Lauterkeit der Einbildungskraft, nicht länger die ehrenvolle Verbindung der Vernunft mit der Sittenlehre, kurz, nicht länger ist es
der durch Ausbildung vervollkommnete Mensch, dem
man Weihrauch streut; sondern der untersten Volks-

klaſſe huldigt man itzt: Ihr ertheilt man Ehrenbezeugungen; Ihr erweiſet man einen abgöttiſchen Dienſt,
deſſen Unſchicklichkeit ſie ſelbſt bemerkt, und den ſie,
bey ſchlichtem geſunden Menſchenſinne, für nichts anders hält, als für das ſchandende Zeugniß ſchmei-
chelnder Sklavenfurcht. Und inſonderheit — wer hätte
es jemals glauben ſollen? — gerade in dem man ſich
zur Bezeichnung des groſſen Haufens der unwürdigſten
Ausdrücke bedient, wirft man ſich vor ihm aufs Knie
nieder, und ſchändet auf ſolche Weiſe die Menſchheit.
O Gott, verzeih' dieſen Schimpf! Vor dir ſind ohne
Zweifel alle Menſchen einander gleich, in wiefern ſie
an deiner Güte Theil haben, in wiefern ſie ihre Kla-
gen an dich richten, und ihr Heil deine Gedanken be-
ſchäftigt Wenn du aber geſtatteſt, daß von dir ein
Bild auf die Erde herabkomme — wenn du wenigſtens
endlichen Weſen geſtatteſt, ſich bis zum Begriffe von
deinem ewigen Daſeyn zu erheben, ſo ertheilteſt du
dieſen koſtbaren Vorzug nur dem ausgebildeten Menſchen; nur dem Menſchen, welcher ſtufenweiſe die
Entwicklung des ſchönen Syſtems ſeiner ſittlichen Fähigkeiten erreicht hat; kurz, nur demjenigen, der in
vollem Glanze ſeinen Geiſt hervorſtralen läßt. Wenn
man alſo mit Gleichgültigkeit dieſen Menſchen in dieſelbe Claſſe von Weſen herabſetzt, welche mit ihm den
gleichen Namen tragen, aber aus Mangel an Cultur
ihrem erſten Inſtinkte folgen, und wenn man ſo alle
von der Natur ſelbſt angewieſenen Rangordnungen
verwirret, ſo ſetzt man die Ehrfurcht hintan, die man
dem Urheber dieſer majeſtätiſchen Einrichtung ſchuldig
iſt; gegen ihn verſündigt man ſich.

Und wie denn? Die erſte Nation der Welt — vormals die erſte, wenigſtens die ruhmwürdigſte, die
geprieſenſte; eine Nation, deren Namen den reichſten

Entdeckungen des Genies, den schönsten Denkmalen der Kunst, den vornehmsten Meisterwerken der Beredtsamkeit das Siegel aufgedrückt; eine Nation endlich, deren veredelter Geschmack ganz Europa zur Richtschnur diente — diese ist es, die aus blinder Liebe zur Gleichheit auf einmal zum Denkspruche und zum Ehrenzeichen — — — dürft' ich es sagen — sollte sich eine sittsame Feder solche pöbelhaften Benennungen erlauben? Ja, wofern sich solche Benennungen auf einen Augenblick durch den Contrast mit derjenigen Nation veredeln, welche zur Aufnahme derselben in ihre Sprache einwilligt, und zu ihrer eigenen Schande ihnen neben sich in der Geschichte einen Platz einräumen will — Wohlan, diese Nation ist's, diese erlauchte Nation, die aus blinder Liebe zur Gleichheit, nachdem sie die ganze Welt mit ihrem Pomp und Gepränge erfüllt hatte, plötzlich zum Sinnspruche und Ehrenzeichen, zum Schmuck und zur Verherrlichung, die — Sans-culotterie, die Ohnehosenschaft wählt. Welches Versinken! Gerechter Himmel, welche Herabwürdigung! Und freywillig und planmäßig erniedrigt man so tief eine Nation! Und um der Gleichheit Ehre zu machen, überläßt man sich so abentheuerlichen Ideen!

Und was soll aus der Anmuth der Sitten werden, aus ihrem Adel, aus den lockenden Grazien des äußern Wohlanstandes? Sie waren die Begleiterinnen der süssesten Empfindungen der Seele, und ihre rührenden Dollmetscher, welche diese sanften Empfindungen selbst unterhielten, indem sie die anziehenden Formen der verbindlichsten Güte jedem Blick darstellten. Verschwunden sind sie! und der Mensch scheint zurückgekehrt zu seinem ersten Ursprunge, zu jenen gewaltsamen Leidenschaften, die man bey dem Wilden eben so wohl antrift, wie bey dem gebildeten Erdbewohner. Und wie sehr betrog man sich nicht, und wie wenig kannte man den gesellschaftlichen Zustand, als man mit Verachtung das ganze System der Achtsamkeiten wegwerfen wollte! Und doch, blos zur Verschanzung der Eigenliebe erfand man dieses sinnreiche System; ein moralischer Vauban erfand es zum Schutz und zur Bedeckung der äussern Vorwerker unsrer sittlichen Natur, zur Sicherstellung unserer Eitelkeiten und Anmaassungen. Aber eine verheerende Gewalt wollte überall nichts verschonen; und mitten aus dem Schoosse unserer gesellschaftlichen Ausbildung erhob sich diese Gewalt.

Auch die Schönheiten der französischen Sprache verdienen wohl unser Bedauern. Noch glänzten sie in alle dem Schmucke, womit sie das Genie so vieler Redner bereicherte; und diesen Schmuck wollen nun Barbaren zerreissen und zernichten. Eine so edle Sprache mißbrauchten sie zu den unwürdigsten Controversen. Wie sollte sie wieder in ihrer Hoheit erscheinen können? Jene Unmenschen erniedrigten sie zur Dollmetscherin ihrer rohen Ideen und wilden Leidenschaften. Wie sollte sie ferner den Ausdruck für alle Feinheiten des Geistes, für alles Zartgefühl der Empfindungen liefern können? Zum Ausdrucke des Hasses und der Lästerung schnitt man sie zu. Wie wird sie ferner Liebe und Mitleiden darstellen? Man löschte ja alle ihre zärtern Schattirungen aus. Wie könnte sie weiter das Menschenherz schildern, oder die Natur und ihre zahllosen Mannigfaltigkeiten zeichnen? Schattirungen sind ja Abstufungen; und auch diese Art derselben mögte das Gesetz der Gleichheit verbannen. Oder sollte man etwa zum Lobe der Tribunenredner jener neuen Wörter erwähnen, die sie in ihre Sprache zu werfen gewohnt sind; jene Menge von Kraftwörtern besonders, die so rasch jedes Ziel treffen wollen; indem aber

diese Wörter von ihrer Kunst und Erfindung die Phra=
sen abzukürzen, und die Bewegung der Rede zu be=
schleunigen sich bemühen, erinnern sie uns nicht sel=
ten an den raschen Flug des Raubvogels, der voll Un=
gestüm auf seine Beute losstürzt.

Bey solcher Rohigkeit spricht gar bald alle Welt
gleicher Weise. Denn: Gleicher Weise und durchaus
gleich — dies ist gegenwärtig der herrschende Leib=
spruch. Bey solchem Hang und Geschmacke bedürfen
wir freylich keines so reichen Wohnplatzes, und für
uns ist die Welt unter ihrem verschiedenen Schmucke
und unter dem Wechsel ihrer Verzierungen viel zu schön.
Insonderheit aber können wir jenes anerschaffenen Trie=
bes zur Vervollkommnung entbehren, und sie klüglich
bey ihrem ersten Fortschritte aufhalten, nur damit wir
des Vergnügens geniessen, einander gleich, und uns
aufhörlich gleich zu seyn. Die Bewohner der Ufer des
Oronoko pressen den Kindern bey der Geburth zwi=
schen Brettern ihre Schläfe zusammen; warum em=
pfiehlt man nicht auch uns dieses Beyspiel, damit wir
Alle samt und sonders einander an Geist und an Ein=
sichten gleich werden? Zu welchen Verirrungen, zu
welchen Ausschweifungen der Einbildungskraft wird
man nicht hingerissen, wenn man in der gesellschaftli=
chen Ordnung Alles auf einmal: Grundsätze, Anstal=
ten, Gebräuche, Meynungen, Vorurtheile, Gewohn=
heiten, Verhältnisse, Bande, Pflichten und Rechte än=
dern und erneuern will? Sollte aber das hohe Alter
unsers Geschlechts nicht Mißtrauen in den Werth von
so manchen neuen Ideen erwecken, die mit Maximen,
welche die Erfahrung besiegelt, so sehr im Widerspru=
che stehen? Mit verschlossenen Augen also sollten so
viele scharfe Beobachter, so viele Männer von Genie,
den unermessenen Raum der Zeiten durchlaufen haben,

und nie Etwas von alle dem gewahr worden seyn,
was unbedingte, völlige Gleichheit zur Glückseligkeit
beytragen kann? Man hat das System des Weltbaues
erforscht, und die Gesetze entdeckt, nach denen sich
regelmäßig alle Himmelskörper bewegen; aus dem
dunkeln Schoosse der Natur zog man so viel andere
Geheimnisse hervor; und warum denn sollte man bey
unaufhörlicher Beschäftigung mit den Angelegenheiten
der sittlichen und politischen Welt — warum sollte man
bey unaufhörlicher Erforschung ihrer Kräfte und Triebfedern niemals gesehen haben, daß die gesellschaftliche
Glückseligkeit nur von einer einzigen Idee abhänge,
die in ihrer metaphysischen Abgezogenheit in der That
kein Verstand zu erreichen vermag, welche aber nichts
desto weniger in dem Gebrauche und in der Anwendung so einfach und so gemein ist? O, für immer
gehe die Herrschaft der Philosophie zu Grunde, wenn
sie uns mit eigensinniger Gewalt unaufhörlich neue Gesetze vorschreiben will; wenn sie mit jedem Jahrhunderte eine neue Dynastie der Meynungen und Prinzipien
gründen und einführen soll. Weit lieber wähle ich
mir den schlichten Menschenverstand; dem Genie ist er
durch die Erfahrung verwandt, und der Weisheit gleicht
er in seinem abgemessenen Gange. Er vereinigt alle
Gegenstände durch wirkliche Bande, und beschreibt seinen Kreis nicht in dem leeren Raum abgezogener Begriffe. Da er nebendem nicht durch eitele Ruhmsucht
irregeführt wird, und von der Sucht der Originalität rein ist, schöpft er auch seinen Theil aus dem reichen Schatze der Einsichten und gesunden Ideen, welche uns der Lauf der Jahrhunderte zugeführt hat.

Systemsüchtige Männer besitzen freylich ein Mittel
zur Verblendung, dessen sie sich meisterhaft zu bedienen wissen. Immer geben sie sich den Anschein, als

beschäftigten sie sich mit den Angelegenheiten des Menschengeschlechtes; dieses geschieht aber nicht, weil sie,
mit einer privilegirten Seele begabet, allgemeiner Theilnehmung fähig sind, oder mehr als wir andern von
dem öffentlichen Jammer gerührt werden; im Gegentheil entrückt sie ihre Einbildungskraft weit über alle
tiefern Empfindungen empor, und unter ihren ewigen
Streifereyen bleibt ihnen zu dauerhafter Liebe keine Zeit
übrig. Daher paßt das Menschengeschlecht für ihre
rein speculativen Ideen weit besser; sie hängen an
ihm, weil es für ihren Geist so bequem ist; und da
seine ausgebreitete Existenz eben sowohl in der Zukunft
als in der Gegenwart liegt, so haben sie keine bestimmt
angewiesene Zeit, um sich wegen ihrer gewagten Versuche zu verantworten, und besonders, um ihre Ver-
sprechungen zu erfüllen. Auf solche Weise berufen sich
die Vertheidiger der Gleichheit, bey Erblickung von allem Unheile im Gefolge derselben, sehr bequem auf die
künftigen Jahrhunderte, und wollen nur mit der Nachwelt rechnen. Daher brauchen sie einen Richterstuhl
wenig zu fürchten, dessen Ausspruch sie nicht hören
werden; durch diesen Gedanken beruhigt, geben sie
ihren Grundsätzen mit jedem Tag eine neue Ausdehnung, und aus Liebe zum Menschengeschlechte geschieht
es, wenn sie die ganze Welt mit Schrecken erfüllen.

Ich will hier keine Gemählde aufstellen; in einem
philosophischen Werke würden sie am unrechten Orte
stehen. Nebendem giebt es Gefahren, es giebt Jammer und Elend, es giebt Verbrechen, die keiner weitern Schilderung bedürfen; denn nicht in dem Momente, wo die Flammen des Aetna die Felder verwüsten
und Städte in Aschenhaufen verwandeln, verweilt
man sich mit Beschreibung derselben. Wir giengen den
ersten Ursachen nach, und da dieselben in der Moral

und in der Politik an Ideen hängen, welche dem
Anscheine nach äusserst fein, in ihrem Einflusse aber
unendlich wirksam sind, so mußten wir Alles ausweis
chen, was die Aufmerksamkeit, welche sie erheischen,
zerstreuen könnte.

Nur werf' ich noch einen Blick auf diejenigen Männer, welche uns durch ihre Lehre zuerst die Uebertreibung der Gleichheit herbeygeführt haben. So viele
Achtung erwarteten sie wohl nicht von mir, und würden sich gerne begnügt haben, sonst ihren Ruhm zu
sichern, und ihren Namen in die weite Ferne zu verbreiten. Man setzte mehr Glauben in sie, als sie selbst
es wünschten, und gegenwärtig würden sie über diese
allzugrosse Gläubigkeit ihrer blinden Anhänger seufzen.
Darum aber gaben sie nichts desto weniger Gelegenheit
zu jener widernatürlichen Vermischung philosophischer
Ideen mit den gewaltsamsten Leidenschaften; einer Vermischung, welche uns an die sträfliche Verbindung erinnert, deren die mosaische Geschichte erwähnt: An
die Vermählung der Engel mit den Töchtern der Erde.
Diese war die Ursache der Sündfluth, und die Vor-
läuferin von dem Umsturze des Erdballs. Bey solcher
Gegeneinanderhaltung entdeckt man immer einen Zug
der Aehnlichkeit mehr.

Doch, wir enden. Ich wollte beweisen, daß mitten unter einer unermeßlichen Bevölkerung die Gleichheit unaufhörlich von dem Zweck entferne, den man
sich bey einer gesellschaftlichen Verbindung vorsetzen soll;
und während der Untersuchung einer so wichtigen Frage verstärkte sich meine eigene Ueberzeugung von dieser
Wahrheit. Entweder muß man auf die Hoffnung einer Verfassung Verzicht thun, die zur Beförderung der
öffentlichen Ordnung, der Freyheit, der sanftesten und
geselligsten Tugenden beyträgt, oder man muß unter

den verschiedenen Rangordnungen diejenigen wählen,
welche für den Staat, dem man eine Regierungsform
geben will, die schicklichsten sind.

Solcher Abstufungen giebt es die Menge; die Königswürde ist die erhabenste von allen; es giebt aber auch
andere; denn der Unterschied der Glücksgüter, des
Grundeigenthumes, der Geburth, der Erziehung — die
Superioritäten der Sitten, der Lebensart, des Alters;
— das Ansehn, welches Stellen und Aemter entweder
wegen ihrer Dauer oder wegen anderer Attribute verschaffen — die klar und bestimmt ausgedrückte Hierarchie der Gewälte, in wiefern sie zugleich vermittelst
reeller Vorrechte und verschiedener äusserer Ehrenzeichen die Häupter des Staates vorzüglich aushebet —
— alle diese Umstände bereiten zu den Ideen und
Empfindungen der Achtsamkeit vor; und durch ihre
Vereinigung, und durch Schwächung des Widerstan-
des, erreicht man, je nach der Beschaffenheit eines
Landes, nach seiner Ausdehnung und Abtheilung, die
gesellschaftliche Harmonie und den Bestand der Regierung.

Bey reiferm Nachdenken wird man also finden,
daß der wichtigste Theil der politischen Wissenschaft
allerdings in einer weisen Anordnung derjenigen Abstufungen bestehe, aus welchen die gesellschaftliche Einrichtung zusammengesetzt ist. Das grosse Verdienst
der brittischen Verfassung z. B. und ihr dauerhaftes
Lebensprinzip, liegt eben darinn, daß sie von der
Gleichheit gerade nur so viel und nicht mehr aufnahm,
als solches nöthig war. Die kläglichste von allen Ueber-
treibungen aber ist wohl diejenige, welche durch gänzliche Gleichmachung nach völliger Demokratie strebt.
Alsdann giebt's länger keine regelmäßige Gesellschaft,
und alle Hoffnung zur Ordnung verschwindet. Nim-

204

mermehr verträgt sich mit der Gleichheit der Anmaaß
sungen der Gehorsam; nimmermehr verträgt sich die
Einheit, die Regelmäßigkeit der Verwaltung mit der
allgemeinen durchgängigen Wirksamkeit von jedem eins
zelnen Willen; nimmermehr verträgt sich die innere
Ruhe mit dem unaufhörlichen Auflodern von jeder Eigenliebe und Mitwerbung. Endlich keinerley Gewalt,
die aus der Meynung geschöpft ist, und nicht durch
tyrannische Mittel unterstützt wird, verträgt sich mit
jener durchgängigen und einförmigen Vertraulichkeit,
welche eine nothwendige Wirkung gänzlicher Gleichheit
ist; denn die gesellschaftliche Ordnung wird aus Mo-
ralitäten und zwar aus sehr zarten zusammengesetzt,
so wie die Einbildungskraft, so wie das Herz, so wie
der Geist, auf den ihre Kraft wirken soll.

China umfaßt zehnmahl mehr Einwohner, als
Frankreich; und doch herrscht daselbst große Ordnung
unter einer milden Regierung. Eine von den Haupt-
ursachen dieser politischen Erscheinung findet man nun
eben in dem Systeme jener Achtsamkeiten, das dort
als heiliges Gesetz verehrt wird. Ein Ritual, bereits
seit zwey Jahrtausenden authorisirt, enthält das Pro-
tokoll aller Zeichen der Ehrfurcht und Deferenzen, welche die Chinesen nach ihrem Stande, Amt und Berufe gegen einander zu beobachten haben; und dieses Ritual ist eben so durchgängig bekannt als genau beobachtet. Alle dies würden ohne Zweifel die Gleichma-
cher in Frankreich für Sklaverey halten; allein heut
zu Tage kennt man das Resultat ihres Systemes einer
allgemeinen Zutraulichkeit; das Resultat ihres Hasses
gegen alle Ideen von Abstufungen — dieses Resultat
kennt man nun vollkommen; und ohne Abscheu
und Schrecken darf man daran nicht denken. Man
spottet aller Mittelauthoritäten, und verachtet ih-

ren Beyſtand, ſo bald man die Diktatur einer einz
zigen Leidenſchaft überläßt; einer Leidenſchaft in al
ler Stärke ihrer Jugend: Aber nur einen Augenblick
währet die Regierung einer ſolchen Herrſchaft; nur
einen Augenblick in dem unermeſſenen Strohm der Jah
re und Jahrhunderte, zu deſſen Lenkung die geſell
ſchaftlichen Geſetze und die politiſchen Verfaſſungen
doch beſtimmt ſind. Unter ihren Reden, unter ihren
Kämpfen zu Gunſten völliger Gleichheit beredeten ſich
die Neuerer von Frankreich, das höchſte Ziel der
Philoſophie zu erreichen: Hätten ſie ſich aber auf jene
Höhe emporgeſchwungen, von der man alle Wahrheit
überſchauet, oder hätten ſie dorthin ihre Abgeordneten
oder ihre Commiſſarien abſenden können, ſo würden ſie
geſehen haben, daß ſie die Realität ſeitwärts liegen
laſſen, um als irrende Ritter nach täuſchenden Schat
ten zu jagen. Man will es nicht einſehen; aber man
muß es ſagen dürfen: Gleichheit giebt es nur in dem
Nichts und in dem Tode; allwärts hingegen, wo
das Leben, allwärts, wo Bewegung beginnt, wer
den Abſtufungen weſentlich nothwendig ſeyn. So fand
es der Urheber der Welt für gut; und Ihm können
wir glauben. Auch iſt in unſerm moraliſchen Daſeyn
nichts ſo ſchön, als daß wir von dem raſchen Mo
mente unſers irroiſchen Lebens, und von dem engen
Kreiſe her, in den uns das Schickſal geſetzt hat, mit
unſern Berechnungen uns dem Genius der Natur na
hen, und dieſelben in irgend einem Punkte mit jenen
erſtaunenswürdigen Wundern vereinigen können, wel
che vor uns erſchienen ſind, und die nach uns erſcheinen
werden. Umſonſt aber werden wir dieſe Zuſammenſtim
mung ſuchen, wenn wir die Geſetze der Sittenlehre
verlaſſen; denn ſie ſind das Band zwiſchen den Ideen
und den Empfindungen der Menſchen; zwiſchen den

Menschen und der allgemeinen Ordnung; zwischen
Himmel und Erde. Unter dem Schilde dieser Gesetze
muß man die Glückseligkeit bauen, wenn sie gedeihen,
wenn sie sich erhalten, wenn sie den Stürmen des Lebens und der wilden Empörung unserer verschiedenen
Leidenschaften widerstehen soll. O Du, der diese heilige
Lehre, theils zur Stütze für unsere schwankenden Schritte, theils zur Verbannung des Zweifelmuthes aus
unserm Geiste, gebildet hat — Gott! du Beschützer der
Welt, bewahre uns dieses hehre System, und behaupte
es gegen jeden Angriff seiner herrschsüchtigen Feinde!
An die Stelle von Deiner Weisheit wollen sie die ih-
rige setzen, und ihr gebrechliches Spielwerk ent-gen
der ewigen Dauer Deiner Thaten. Als eine Last drückt
Deine Unermeßlichkeit ihren Stolz; in dem Wahnsinne
völliger Gleichheit setzt ein höchstes Wesen sie in Miß-
muth, und bereits vielleicht scheint es ihnen unter
ihren Klügeleyen und Prinzipien, unnütz zu seyn.
Wenn aber auch seine Tempel und Altäre für eine Zeit
wanken, immer noch bleiben ihm fühlende und dank-
erfüllte Menschen getreu; bey der moralischen Sündfluth, welche gegenwärtig den Erdball bedroht, werfen sie sich in die Arche, um für noch ungeborne
Menschengeschlechter die religiosen tröstenden Meynungen zu retten, deren Lauf man aufhalten will.

Dem Nachdenken weiser Menschen wiedme ich diese verschiedenen Bemerkungen. Wie glücklich wär' ich
nicht, wenn ich auf einigen Nutzen derselben hoffen
dürfte! Wie glücklich, wenn sie zufällig — und wär's
nur für einige Tage — die Zeit abkürzen könnten,
welche die Erfahrung erheischt, wenn sie durch Unglück belehren soll!